利津户外游戏

周念丽 ◎ 主审
赵兰会 刘令燕 ◎ 主编

Lijin
Huwai
Youxi

 复旦大学出版社

利津县第二实验幼儿园户外设施图例

水上乐园之一

水上乐园之二

水上高空滑索

梦幻花园

林中乐园之一

林中乐园之二

福娃亭

海沙池

沙水世界

沙土区

圆形水车

龙骨水车

吊环、荡绳

四绳吊板

手抓吊环

轮胎攀爬墙

轮胎攀爬器

树屋

八角亭

树网

古典树屋

空中长廊

木制攀爬器

珠穆琅玛峰

轮胎浮桩

木制浮桩

磙子

多人龙秋千

投篮器

平梯

彩虹攀爬架

彩虹桥

瞭望台

轮胎车

小火车

童乐巴士

骑行小路

木制车1

木制车2

建构区之一

建构区之二

建构区之三

建构区之四

建构区之五

建构区之六

前言

《幼儿园教育指导(试行)纲要》(以下简称《纲要》)明确指出:"幼儿园应以游戏为基本活动。"陈鹤琴先生说:"幼儿园的主要方法是游戏。从游戏中去促进儿童的智力、道德、审美和体力的发展,扩大儿童的眼界、判断力、观察力和敏捷性,发展他们集体生活的习惯。"顺应幼儿对游戏的兴趣,发挥幼儿在游戏中的主体性,把游戏作为幼儿的主要学习方式,成了当前学前教育界的共识。全国各地都在积极探索"课程游戏化"或"游戏课程化"的实施路径。

山东省东营市利津县第二实验幼儿园(以下简称"利津二幼")立足时代发展和幼儿发展需要,以《3—6岁幼儿学习与发展指南》以及陈鹤琴的"活教育"理论为基础,经过长期探索,创立了以综合利用本土资源为路径,以传承中国传统及地域文化为特点,以培养身心健康、具有挑战精神的中国娃为目的的综合性游戏模式,被幼教界称为"利津游戏"。[1]

"利津游戏"按其形式和内容可分为传统游戏、自主游戏、科学游戏和野趣游戏。"利津游戏"通过户外环境创设,赋予幼儿游戏文化传承、科学探究、亲近自然和挑战勇气等功能。首先,它通过打造民族风情园、生态植物园、动物饲养园、书香文化园、传统游戏园、科学探索园,把幼儿置身于多元开放的环境生态中,促进幼儿身心发展。其次,它在游戏环境和材料投放上体现出生态性、精准性、层次性等特点,以此满足不同年龄和不同气质幼儿的游戏需要。兰州城市学院幼儿师范学院沈建洲教授认为:"'利津游戏'发挥了幼儿本性和兴趣,尊重幼儿、相信幼儿,真心为幼儿健康成长着想,创造充足的游戏机会和条件,鼓励和支持幼儿快乐游戏,为我们展示出了实践的游戏经验与成果。"[2]

华东师范大学周念丽教授评价"利津游戏""反映了当代中国幼儿游戏的基本精神,嵌入了中国文化基因,渗透了科学探索精神,蕴含了多彩自然教育,凸显了强烈挑战精神,成为当代中国学前游戏的缩影。"一方面,"利津游戏"坚守中国幼儿游戏的本土性原则,盘活资源,因地制宜,通过游戏环境的创设和游戏活动的有效实施,努力实

---

[1] 步社民.2017年度中国幼教关键词[J].幼教365.2017,(12):11.
[2] 王晶.刘思妤.沈建洲."安吉游戏"与"利津游戏"比较及启示.陕西学前师范学院学报.2018(01):13-17.

现幼儿游戏的公共价值,其独特创新体现在文化传承性、科学探究性、亲近自然性和自主挑战性四个方面。另一方面,"利津游戏"大胆探索、勇于创新,突破了我国现有幼儿园的游戏模式,从传统文化和地域文化中汲取营养,赋予了幼儿游戏中国本土文化品质,实现了传统意义与现代价值的充分结合。上海市教育科学研究院南钢博士认为:"利津游戏体现了中国儿童游戏的文化品质,如开放与包容、自信与坚毅、生态与科技、生成与发展、和谐与创生。"[1]与此同时,也赋予幼儿游戏时代精神和内在活力,展现了科学启蒙和激励幼儿主动探索的过程。宿迁高等师范学校李先栓教授说:"利津游戏的科学启蒙教育体现了园本课程'回归儿童、回归幼教'的本义。"[2]体现了学前教育"走向更加公平、走向更高质量、走向更具活力、走向更高品质"的改革方向。

本书主要呈现了"利津游戏"课程开发与实施过程中,教师记录和解读幼儿游戏及支持幼儿游戏的策略。同时,隐含于游戏故事之中的绿色生态、文化浸润、立体交织、冒险挑战的多元化环境,以及富有层次性、挑战性、趣味性的游戏材料,也映射出"利津二幼"的管理者以及教职工为幼儿游戏有效开展所做出的努力。

以幼儿的兴趣为基础创设的丰富多元的环境,为幼儿游戏提供源头活水和更为广阔的空间。但是,仅有环境是远远不够的。要想让幼儿的游戏持续、深入地开展,发挥游戏对儿童发展的价值,最关键的因素是教师。教师是否具备观察与解读儿童行为的能力,整合利用教育资源的能力,发现游戏价值并推进游戏进程、促进儿童深度学习的能力等,这些都是教师应当具备的"追随儿童心灵,把握儿童在游戏中的生长点,引导儿童建构新的游戏,支持并促进儿童学习与发展"的核心素养。然而,目前在以大、中专师范毕业生为师资主体的县、乡级幼儿园,教师专业理论基础薄弱,专业知识储备不足。受缺乏前沿理论指导、科学策略支持等诸多因素的影响,学习主动性、自我价值感缺失,职业倦怠加重,教师专业发展的内驱力严重不足,导致教师在游戏观察中,缺乏观察意识、观察目标和观察重点;随机观察居多,缺乏连续性;以经验判断代替科学分析;专业知识、理论、评价工具欠缺,对幼儿发展做出专业判断和决策能力严重不足等。这些问题是一线教育实践者们共同的困惑,是制约游戏质量提升的主要障碍。

为了快速提高教师观察、解读、回应幼儿的能力,适应并推进游戏课程的深入实施,"利津二幼"立足《幼儿园教师专业标准》中提出的"幼儿为本、师德为先、能力为重、

---

[1] 南钢.从利津游戏看中国儿童游戏的文化品质[J].幼儿教育导读.2018,(04):51-55.
[2] 李先栓."利津游戏"中的科学启蒙教育探析[J].陕西学前师范学院学报.2018,(01):10-12.

终身学习"这一基本理念,聚焦"游戏的观察、解读与支持策略"研究,建构"专业精神、专业知识、专业能力"三位一体的"教、研、训"一体化模式,试图突破瓶颈,助力利津游戏课程实践。

一是价值导向,主动发展。 为了激发"教师专业发展的内驱力",我们将研训的首要目标聚焦于"专业精神",引领教师把教育作为一种信仰、追求、责任、使命,让教育成为一种情怀、思想,成为驱动前行的动力。如在第一次研讨中,我们向教师展示了一段小班幼儿区域活动的视频,长达5分钟的时间里,一名3岁的幼儿先是看着眼前的材料发呆,之后多次用目光寻求老师的帮助,寻求帮助无果后,幼儿开始做一些抠指甲盖、抠衣服上的图案等无聊、消极等待的动作,但这名幼儿始终未离开座位,幼稚的脸上写满了童真和无奈。此刻,我们的老师在干什么呢?镜头中,她始终在毫无秩序地"忙碌"着,鸡啄米般却又只是蜻蜓点水地"指导"着。这就是现有教师观察指导水平的一个缩影。视频播放的过程中,所有的教师都沉默、羞愧了,如果用一个关键词来描述一下此时的心情时,"心疼、可怜、愧疚、失望、着急、不快乐、不自主……"等词汇脱口而出,大家纷纷表示"我们的专业知识、技能亟待提高,我们要具备引导、支持幼儿发展的能力……"教师儿童观、教育观、课程观的转变就从这里开始了。

二是问题导向,聚焦实践。 研训模式的最终目的是增强教师的问题意识,提高教师运用科学的方法解决问题的能力。研训的核心是找准问题,关键是解决问题。如为了使研究解决真实的问题,引领教师关注游戏中的幼儿,增强反思意识,我们采取游戏故事研讨的方式。游戏故事来自于教师观察记录的常态游戏中的幼儿,记录采用文字、照片和视频结合的方式,真实再现师幼互动、幼幼互动、幼儿与环境互动以及幼儿发现问题、解决问题的过程。研训之初,记录教师先结合录像再现幼儿的行为表现、语言和与环境材料的互动情况,分析解读幼儿在表征、构造、合作、规则等方面的发展,从儿童观、教育观、游戏观、发展目标、游戏环境创设与调整、支持策略、游戏与主题教学的关系等方面进行重新审视与反思。例如,宋玉艳老师在教研活动中分享的《垫子搭房乐趣多》游戏故事,结合游戏过程进行了分析:"家乐第二次搭建房子完成以后不急于玩,而是仔细观察、确定房子是否牢固,有没有再次坍塌的可能性,这说明她懂得了在游戏中进行自我反思。为了加固房子,幼儿动脑筋想办法解决问题,寻找多种材料进行支撑,选择塑料滚筒、陀螺等当做浴缸,同一情节中使用了多物替代,说明孩子们思维的变通和灵活。在搭建好房子以后,进行洗浴、睡觉、坐着聊天等角色游戏,实现了生活经验与游戏的良好链接。""房子的坍塌对孩子们打击很大,部分孩子露出了失望的表情,甚至出现了相互埋怨。然而,在老师的鼓励下,他们再一次选择了挑战,并最终获得成功,这体现了中班幼儿良好的坚持性。在游戏中,家乐十分有主见,一直指挥着小朋友们怎样搭建,怎样装饰房间,很有自己的想法,可见,她是一个独立性与领导能力很强的孩子。"在回应部分,宋老师分享了自己的支持策略:1. 通过作品分析和评价,让孩子共享经验。与幼儿一起参观家乐小组搭建的房子,推一推,感受房子的牢固;躺一躺,感受房子的舒适。请家乐介绍搭建房子所用的材料、出现的问题、原因、改进的措施。请小朋友讨论怎样把房子搭建得更加牢固、舒适、漂亮的方式。2. 用开放的理念支持孩子的游戏。单一的体操垫不能满足幼儿游戏的需要,孩子们提出需要平衡区的滚筒时,允许幼儿根据自己的需要到其他区进行选择。多样化的材料,为幼儿搭建提供了有力的物质支持,孩子们的想象力、创造力得到了最大程度的发挥。3. 教师及时介入,推动游戏的发展。一次又一次游戏的失败,让部分幼儿有些着急与失望,老师鼓励的眼神与肯定的话语,给予了他们精神上的鼓励,孩子们才能将游戏坚持到底。参训教师再结合《纲要》《3—6岁儿童学习与发展指南》等观察、指导、评价工具,从多角度分析游戏环境(游戏空间、时间、材料)、教师介入指导的适宜性和有效性。最终,使研训过程成为"观摩游戏——诊断问题——合作探究——形成策略——实践检验——发现新问题"的循环往复、螺旋上升的深入学习研讨过程。

三是工具支撑,科学决策。发现问题就有了目标。鉴于以上问题,我们围绕"观察、识别、回应"三条主线,将研训目标循序渐进地定位为"增强观察意识——运用工具识别幼儿行为——形成教育决策——合作建构教育经验"。在目标的引领下,我们从培养教师观察意识做起,引领教师在观察前确立观察目标和重点,于是观察开始聚焦于"游戏中的幼儿角色,幼儿对材料的选择与运用,幼儿的语言与交往,游戏的持续时间……"等具体内容。随着观察的细致化、重点化,教师开始对观察对象进行多次、持续观察,以便对幼儿行为发展做出准确判断。为了更加科学准确地解读幼儿的行为,我们在引领教师学习专业理论的基础上,又引领教师借助《〈3—6岁儿童学习与发展指南〉解读》中各领域的价值取向、各年龄段的幼儿发展目标进行对比分析,运用《上海市学前教育课程指南(试行稿)》中的"游戏观察要点及发展提示"判断幼儿行为所属领域发展水平的高低,洞悉幼儿的最近发展区,关注幼儿情感能力、独立性、自我意识、思维的变通和灵活、交往机智等个性品质,从而了解掌握幼儿学习的特点及经验的发展路径,便于教师把握介入的时机,为幼儿发展提供有效的支持。例如,张莎莎老师在《跳水游戏的快乐》中写道:"从摆放梯子建构路线来看,大班的孩子群体意识比较强,会合作游戏,能用适当的语言进行沟通交流,寻求同伴的帮助,而佳诺在搭建路线的过程中表现出了较强的领导力,发挥着安排、分工、协调的指挥作用,遇到问题能通过自己的观察,借助已有生活经验解决。可见,佳诺在游戏中有很强的主动意识。"

四是平等对话,合作建构。聚焦"游戏故事"的研训活动的最大亮点是:帮助教师敢于表达自己的观点并乐于与他人分享,与此同时,不同专业化水平的参训教师或管理者从自己的经验和不同的视角提出自己的观点,并从同伴的做法中发现以前被忽视的问题和解决问题的方法,既让教师在解决类似问题时进行经验的迁移,也让教师学会批判性地悦纳、质疑同伴的观点,形成分析问题的多重视角和更开放的分析框架,在辩论、研讨的过程中,实现专业知识、技能的合作建构。例如,为了确立"立足开放整合,实现一日活动的和谐统一"这一理念。我们多次研讨"游戏与一日生活整合"的实施路径,将教学活动、室内外区域活动、传统游戏、生活活动置身于一个主题背景之下,使游戏内容一方面来源于幼儿生活及最近发展区,依托于教育教学中获得的新知识、新经验、新技能,丰富游戏内容,促进幼儿的主题性体验,提高游戏水平;与此同时,使游戏成为教学活动、生活活动生成的源泉,帮助幼儿梳理提升自己习得的零散的、粗浅的经验,发现有价值的教育活动,引领幼儿解决游戏中发现的问题,为幼儿深入学习奠定基础。例如,宋玉艳老师在《垫子搭房乐趣多》中写道:"最近一段时间,陈家乐、郭奕彤、张梦璐等几个小朋友热衷于设计房子、搭建房子。美工区里她们设计、绘画房子;室内建构区里,她们用插塑玩具、小积木、纸杯、纸箱等搭建房子;户外建构区里,她们用大型积木搭建房子;玩体操垫子的时候,她们用体操垫子搭建房子……"

五是多元共生,互助共进。"教、研、训一体化"背景下的研训活动,全员参与、彰显个性、尊重差异、关注互动、多元开放、悦纳包容,加强了管理者、教师两大主体的联动,使管理与实践多元互动、共生共赢。例如,在游戏故事研讨过程中,多名教师反思时提出:"玩具材料过多,剥夺了孩子奔跑、活动以及发挥创造的空间;干扰幼儿,使幼儿频繁更换玩具与材料,影响专注力;弱化了环境的生态性。材料缺少可变性、生成性。高结构玩具比例过高,功能、玩法变化性差,缺少可操作性、层次性、可持续性,不利于幼儿探索、创造性游戏的开展……"结合这些问题,我们开展了"游戏材料投放适宜性"的专题研讨,根据研讨出的策略对游戏材料进行了重新审视与调整,并给予教师最大化的自主权,发挥材料在幼儿发展中的最大价值。

"教、研、训一体化"模式,聚焦"反思、共享、创新",以教师为主体,立足教育情境,基于问题导向,激发了教师专业发展的内驱力,形成了行动研究共同体,帮助教师建立了归属感，实现了教师对自身价值的认同，让教师在教育中实现了人生意义的升华。

本书中选择的 50 个游戏故事，均来自"利津二幼"教研中教师提供的真实游戏故事。每一篇游戏故事包括"追根溯源、精彩回放、洞察秋毫"三个部分。

追根溯源——游戏生发背景的描述。内容包括幼儿前期游戏经验、区域环境、材料投放意图，强调与游戏的关联性。

精彩回放——幼儿游戏活动的描述。用"白描"的方式，强调游戏过程描述的真实性、客观性、具体性。

洞察秋毫——引导、支持幼儿发展的策略。游戏过程中或结束后，结合《3—6 岁儿童学习与发展指南》，解读幼儿游戏行为，对儿童观、教育观、游戏观、环境、材料、指导策略等进行反思，强调教师作为"支持者、合作者、引导者"作用的发挥。

本书图文结合，让读者在阅读本书时，身临其境地了解"利津游戏"课程的实施路径，体会教师在游戏中的支架作用，感悟游戏于幼儿深度学习和多元发展的魅力，共享师幼共同发展的旅程！

感谢华东师范大学周念丽教授、上海体育学院陆大江教授对本书的编写给予的专业指导；感谢复旦大学出版社副总编辑张永彬教授的策划，使这本书得以出版；感谢复旦大学出版社的谢少卿女士为本书提出的专业的修改意见，正是因为她对幼教工作的深入了解，才使得这本书既生动有趣又内涵丰富！感谢每一位读者在我们探索之路上的支持与陪伴，让我们伴着书香，追随幼儿游戏的足迹，携手走进幼儿的游戏王国，品味生命成长的意义！

赵兰会　刘令燕

2019 年 4 月 29 日于利津

目录

一、运动性游戏

1. 勇过"彩虹桥"（小班） ... 3
   ——幼儿在不断尝试中习得学习经验
2. 树屋挑战记（小班） ... 7
   ——小班幼儿也有独立克服困难的能力
3. 巅峰对抗赛（中班） ... 13
   ——幼儿适时调整游戏策略推进游戏发展
4. 攀爬区的"胆小鬼"（中班） ... 17
   ——反复尝试让幼儿体验到成功感
5. 跳跳床上的新花样（中班） ... 21
   ——创新玩法让游戏乐趣多多
6. 牛牛挑战攀爬绳（中班） ... 24
   ——幼儿具有明确的游戏目标和坚定的毅力
7. "跳水"游戏的快乐（大班） ... 28
   ——材料的创新组合让游戏更具趣味性
8. 挑战高管（大班） ... 32
   ——及时增添材料引发幼儿深入探究
9. 好玩的磙子（大班） ... 36
   ——在自主合作游戏中培养幼儿解决问题的能力
10. 同伴助力走磙子（大班） ... 39
    ——榜样的力量助推幼儿发展
11. 怎样最公平（大班） ... 43
    ——在冲突中维护公平与调解游戏规则

12. 挑战多人悠绳（大班） 47
 ——游戏中学会轮流与协商
13. 挑战吊环（大班） 51
 ——幼儿具有坚持不懈的毅力
14. 荡绳上的挑战（大班） 56
 ——在不断探索与尝试中获得学习与发展
15. 勇过独木桥（大班） 61
 ——幼儿心中都有追求成功的动力

二、表现性游戏

16. 我的家（小班） 67
 ——多变的低结构材料给予孩子更多发展空间
17. 藤椅变身记（小班） 71
 ——创造性使用材料让游戏更深入
18. 攀爬区的叫卖声（小班） 76
 ——教师适时介入推动游戏发展
19. 小斑马饿了（小班） 80
 ——关注幼儿兴趣，支持幼儿游戏
20. 制作"蛋糕"乐趣多（小班） 84
 ——在尝试中提高解决问题的能力
21. 好玩的"童乐巴士"（小班） 89
 ——在自主游戏中学会协商与合作
22. 小"坦克"大威力（小班） 93
 ——鼓励幼儿独立解决问题
23. 多功能器械趣味多（小班） 97
 ——材料的创新组合让游戏更有趣

24. 垫子搭房乐趣多（中班） 100
    ——材料的创新组合激发幼儿创造性的游戏
25. 小小烤鸭店（中班） 104
    ——在反思中自主推动游戏发展
26. 汽车修理店（中班） 108
    ——幼儿主动提出问题能够推进游戏的进程
27. 车子变形记（大班） 111
    ——幼儿在自发游戏中自主成长
28. 平梯上的精彩表演（大班） 116
    ——丰富的材料让自发游戏的情节更丰富
29. 精彩的"电影院"（大班） 120
    ——冲突有利于幼儿游戏水平的提高
30. 野战区里的"特殊营救"（中班） 124
    ——幼儿具有灵活丰富游戏内容的能力
31. 守护"军火库"（大班） 129
    ——在角色游戏中促进幼儿社会性发展
32. 野战游戏的"小军师"（大班） 133
    ——幼儿有主动推动游戏发展的能力
33. 战地医院故事多（大班） 137
    ——有效迁移生活经验，推进游戏情节发展
34. 保卫家园（中班） 141
    ——在情景游戏中激发幼儿的合作意识

三、探索性游戏

35. 玩转彩色碌子（中班） 149
    ——材料的多样组合激发了幼儿的探究兴趣

36. "糖果雨"（中班） 153
    ——游戏在幼儿的协商中变得丰富有趣
37. 水去哪儿了（小班） 158
    ——在与同伴的交往和互动中获取经验
38. 甜甜的"冰激凌"（小班） 162
    ——投放新材料，推动幼儿游戏发展
39. 开心快乐的小司机（中班） 166
    ——不断探索让幼儿体验到游戏的快乐
40. 搭高楼（中班） 170
    ——幼儿在游戏中主动解决问题的能力
41. 咕噜咕噜滚下来（中班） 173
    ——幼儿在游戏情境中探索和发展
42. 火山喷发（中班） 177
    ——把深入探究的自主权还给幼儿
43. 沙水区的桥梁工程师（中班） 181
    ——幼儿自主探索积累建构经验
44. 山坡游戏乐趣多（中班） 184
    ——在解决问题的过程中促进幼儿社会性的发展
45. 头发竖起来了（大班） 188
    ——磙子里发现的小秘密
46. 小小跳水运动员（大班） 192
    ——在反复探索中收获成功
47. 辘轳井里面学问多（大班） 195
    ——在实际操作中拉近预设和现实的距离
48. 小板凳诞生记（大班） 199
    ——幼儿具有独立解决问题的意识和能力
49. "跳水台"终于搭好了（大班） 203
    ——幼儿自主解决问题的能力令人叹服
50. 各种各样的桥（大班） 208
    ——在解决问题中促进幼儿发展

一、运动性游戏

一、运动性游戏

1. 勇过"彩虹桥"(小班)
——幼儿在不断尝试中习得学习经验

追根溯源

在我们幼儿园西侧的小树林里隐藏着一座非常有特色的"桥",因为它独特的造型和颜色,孩子们亲切地称之为"彩虹桥"(图1-1)。它是一座拱形桥,桥面镂空且扭曲,所以攀爬这座桥有一定难度,孩子们经常在这里爬上爬下,有的还双手抓住桥柱,双脚飘起"荡秋千",彩虹桥不仅锻炼了幼儿的上肢力量和四肢的协调能力,还锻炼了幼儿思维的灵活性和变通性。在前期的活动中,幼儿已基本掌握跳、爬、钻等基本动作技能,并在活动中掌握了如何落地、踩踏哪里最安全、不推不挤等自我保护的技巧,锻炼了幼儿规避风险的能力,幼儿的上肢力量及身体的协调性也得到了充分的锻炼,为幼儿挑战彩虹桥打下了基础。而现阶段孩子们面临的最大问题就是:挑战多种方式过桥。

图1-1 彩虹桥　　　　图1-2 馨然跪着爬

精彩回放

户外活动开始了,孩子们就像一匹匹脱缰的小马,奔向我们的树林综合活动区。

利津户外游戏

因为是第一次来这里玩耍,孩子们进入活动区后,东摸摸,西看看,眼睛里闪烁着喜悦的光芒。很快,馨然小朋友就发现了彩虹桥。她兴奋地跑过去,两只手抓住上面的桥柱,双腿跪在下面的桥柱上,一点一点向前挪动,速度很慢,看起来很吃力(图1-2、图1-3)。第一次的尝试并不顺利,爬了几格以后,她眉头紧锁,两腿还有些发抖,表情看起来非常痛苦,然后慢慢地退回到起点。她撸起裤腿,腿上压出了红红的印子。我问她:"疼吗?"她微笑着说:"现在不疼了。"馨然小朋友的第一次尝试以失败告终。但是,很快她又鼓起勇气进行了第二次的尝试。第二次尝试在动作上较第一次没有什么区别,身体的所有重量几乎都集中在双腿上,每爬一步,她都疼得龇牙咧嘴,并停下来摸摸自己的双腿,嘴里嘟囔着"好疼呀",但是她一直坚持着没有放弃。随着拱桥扭曲度越来越大,身体的重量都集中在了四肢上,最终她还是没能坚持爬到终点(图1-4)。

图1-3　馨然跪着爬到彩虹桥中间　　图1-4　馨然差点从彩虹桥上掉下来

图1-5　馨然匍匐着过彩虹桥

馨然的游戏很快吸引了更多小朋友的目光,他们都来到彩虹桥这里,有的跃跃欲试,有的充当起了"小诸葛",给馨然出谋划策。很快馨然在小朋友们的支持和鼓励下进行了第三次尝试,这次她改变了策略,趴在彩虹桥上,手脚同时向后用力,身体紧靠桥柱慢慢向前移动(图1-5),可是还是因为身体失去平衡差点掉了下来。经过几次失败以后,馨然终于想出了新的

一、运动性游戏

方法,每前进一小步,就立刻用脚勾住桥柱,这样就不会掉下来了。这时,站在旁边看的文硕,也按捺不住,决定尝试一下。文硕采取了一种新的方式:只见他站在桥上,脚踩着下面的桥柱,用手扶着上面的桥柱,手脚并用,慢慢向前移动(图1-6)。当他到达桥身后半部分,桥面倾斜度变大,他又依靠自己四肢的力量,到达了终点。在一次次的尝试中,文硕兴奋地对我说:"老师,我发现新的方法了。"原来他爬到桥身后半部分时,跨到了桥的另一面,这样很快就到达了终点(图1-7)。

图1-6 文硕站着过彩虹桥　　　　图1-7 文硕身体翻转到桥的另一面

馨然、文硕等小朋友的成功,让越来越多的幼儿参与到这个游戏中来。许多幼儿没有排队的自觉性,造成现场混乱。多名幼儿同时爬到桥上,游戏无法继续(图1-8)。这时,我参与到游戏中,与幼儿共同约定游戏规则:所有要参与游戏的幼儿必须排好队,不能插队,不能两端同时开始。约定完规则,现场的秩序有了很大的改善。

图1-8 幼儿同时爬上彩虹桥

洞察秋毫

1. 给幼儿充足的探索时间和空间。游戏中,馨然小朋友开始时采取了跪在彩虹桥

利津户外游戏

上过桥的方式,当她自己亲身体验到这种过桥方式带来的身体上的疼痛时,她意识到这种方式不行,于是出现了趴在彩虹桥上过桥的方式。

2. 教师适当退后,发挥同伴之间互相学习、互相鼓励的作用。3—4岁的幼儿已具备自主解决问题的能力,教师适当退后,为幼儿提供同伴间相互帮助的机会和环境,锻炼幼儿人际交往能力,使其在游戏活动中学习与人沟通合作的交往技巧。

(来红红)

一、运动性游戏

2. 树屋挑战记(小班)
——小班幼儿也有独立克服困难的能力

追根溯源

利津二幼的大型树屋建造在两棵大树中间(图2-1),幼儿爬上爬下,锻炼了攀爬能力、四肢协调能力及勇敢坚强的意志品质。高大的树干,浓密的枝叶,不仅能为幼儿遮阳,更增加了游戏的趣味性。游戏时,幼儿可通过台阶、软梯(图2-2),登上大型树屋,再从滑竿、攀登架或滑梯处顺势而下(图2-3)。多种方法上、下树屋的设计,调动了幼儿参与活动的积极性。但对于入园刚刚一个月、又有点胆小的志喆来说,树屋的高度和落地时的缓冲,却是一种挑战……

图2-1 大型树屋

利津户外游戏

 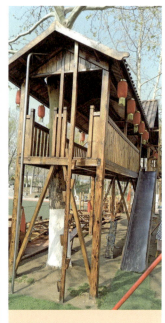

图 2-2　树屋的台阶和软梯　　图 2-3　树屋的滑竿、攀登架和滑梯

精彩回放

　　小朋友们开心地爬上树屋,又从滑梯处滑下。志喆始终在滑梯口徘徊,向下张望着,坐下又站起来,犹豫不决。其他小朋友一个个越过他,开心地滑了下去(图2-4)。志喆看着其他小朋友都滑下去了,心里既着急又羡慕。他静静地观察了一会,皱起眉头,思考着什么……他转身找来几片树叶放在滑梯上(图2-5),树叶从滑梯上滑落。志喆看着树叶顺利落下,脸上露出了笑容。他又找来几片树叶反复试探了几次(图2-6),似乎有了足够的信心,慢慢地趴在滑梯口,肚皮朝下,两只手紧紧抓住滑梯的边缘扶手,小心翼翼地向下滑(图2-7)。终于,志喆成功滑下来了。

一、运动性游戏

图2-4 志喆观察其他小朋友滑滑梯

图2-5 志喆试探用树叶滑滑梯

图2-6 志喆用树叶反复试探

图2-7 志喆成功滑下

我适时鼓励了一下志喆,说:"你真厉害,能滑下来了。"他更开心了,又爬上了树屋。我及时张开双臂做了一个欢迎的动作,这次志喆胆子更大了,不再趴着滑,而是坐着滑下来了,眼神中流露出成功的喜悦。过了一会儿,志喆停止了爬上滑下,驻足观察增宇滑下的方式,面带疑惑地问增宇:"我也想像你一样慢慢滑下来,你能教我吗?"增宇边示范边说:"我用脚蹬住滑梯两边,想快就快,想慢就慢,想停就停。"(图 2-8)如雪也跑过来说:"也可以把身体靠在滑梯上,一只脚蹬在滑梯边上,我做给你看。"(图 2-9)。志喆学着大家的样子,几个来回之后,也能很好地控制向下滑的速度了。

图 2-8 增宇示范滑滑梯　　图 2-9 如雪示范滑滑梯

志喆又在树屋前观察忙碌着的同伴,审视着他们的一举一动,最后把目光锁定在玩攀登架的增宇身上(图 2-10),学着增宇的样子,小心翼翼地伸出一只脚踩在第一块攀登梯上,一只手扶在攀登架的扶手上(图 2-11),向下张望了一下,又快速把脚收回,手也同时缩回,沉思起来……之后,他最终选择从滑梯处滑了下来。他没有再回到滑梯上,而是跑到攀登架旁,羡慕地看着同伴爬上爬下。5 分钟过去了,他又一次来到攀登架前,犹豫着踩上一只脚。"志喆,我在下面保护你。"看到他想尝试,我赶紧给他打气。听到我要保护他,他有了底气,把另一只脚踩在第二个梯子上,慢慢地,一步一步地爬下来了。到达地面时,他露出了如释重负般的微笑。当他再次从攀登架上下来时,

一、运动性游戏

图13-10 增宇玩攀登梯　　图2-11 志喆踩上攀登梯

已不需要我的保护。志喆又一次战胜了内心的恐惧,挑战成功。

游戏结束的音乐响起,志喆恋恋不舍地离开了游戏场地,他说:"下一次,我要挑战从滑竿上滑下来……"(图2-12)

图2-12 小朋友从滑竿上滑下

利津户外游戏

洞察秋毫

1. 尊重幼儿游戏意愿,给予幼儿探索挑战的空间。游戏中,志喆遇到困难后,没有向老师和同伴求助,而是一遍遍地观察同伴,不断用树叶试探,看树叶飘然而下,增加了他探索尝试的勇气。这得益于老师对幼儿已有发展水平的了解,"此处无声胜有声"的眼神支持和"你能行"的鼓励,帮他树立了自信,志喆终于体验到了挑战自我的快乐。

2. 请幼儿分享成功体验。幼儿希望与同伴分享自己所拥有的快乐、体验与同伴共同协商的快乐。游戏结束后,老师请志喆与同伴分享挑战成功的经历,使他体验到了被同伴接纳的乐趣,持续游戏的兴趣得到激发。

3. 适时介入,引导幼儿掌握动作要领,帮助幼儿规避风险。游戏中,当志喆一只脚踩到攀登梯上犹豫不决时,老师的一句"我在下面保护你",给了他极大的安全感,增强了挑战的勇气。

(许文娟)

一、运动性游戏

3. 巅峰对抗赛(中班)
——幼儿适时调整游戏策略推进游戏发展

追根溯源

幼儿园的西部综合区新添置了大型立体攀爬架——"珠穆朗玛峰"(图3-1),高4米,长宽约6米。幼儿虽然已经有了爬树网和轮胎墙的攀爬经验,但"珠穆朗玛峰"的高度和不稳定性对中班幼儿来说仍具有一定挑战。因此,游戏中出现了幼儿游戏持续时间短、兴趣点不高的现象。我们不断调整,通过添加辅助材料将单一的攀爬游戏变成了有趣味性、有情境性的游戏。

图3-1 攀爬区"珠穆朗玛峰"近景

精彩回放

有了前期规划,小朋友们都对这个"巅峰对抗赛"格外感兴趣,以至于今天有将近20个小朋友参与到这个游戏中。蓝队和黄队的小朋友分别拿上自己队的彩虹夹开始比赛,不一会工夫幼儿都将自己手中的彩虹夹夹到了"珠穆朗玛峰"上。突然,我听到孩子们叽叽喳喳地争吵起来,有的说蓝队获胜,有的说黄队获胜。这时舒航告诉我说:"蓝队的昊昊没有爬到峰顶最上边,把夹子夹到中间不算数。"(图3-2)其他红队小朋友也一起说:"对,不算数。"大家一致决定:只有夹到峰顶最上边的夹子才算数。卓群说:"刚才一起上太挤了。"(图3-3)逸然也抢着说:"对,刚才蓝队的晟睿把我的夹子碰

利津户外游戏

图3-2 昊昊将夹子夹到了第二根绳子上

图3-3 两队小朋友一起向上爬

掉了。"所以,这一次没能分出胜负。

我们就两队难分胜负这个问题展开讨论,这时昊昊想到一个办法:"老师,我们每次上两个人就不挤了。"逸然说:"我们选个队长,按颜色站队。"卓群说:"我们还可以从不同的方向上去。"悦媛说:"我们要选个裁判,他说'预备,开始',我们两队同时往上爬。"孩子们你一言我一语,不一会儿就想出了一个绝妙之策。最后,我们一起调整出新游戏规则:1.分颜色站队;2.每次上两个小朋友(图3-4);3.两队从不同的方向往上爬;4.依然是每人一个夹子,哪一队夹到峰顶的夹子最多哪队获胜。最后大家一致推选声音最洪亮的逸然为裁判(图3-5),第二轮比赛开始了……

因为有了之前的比赛经验和新的游戏规则,这一次小朋友们爬得更快了,再也没有人中途停歇。在规定时间内,所有的小朋友都顺利将手中的夹子夹到峰顶,并迫不及待地数着自己赛队的夹子,"1,2,3,4,5""1,2,3,4,5,6,7"。这时昊昊说:"我在底下看不清'珠穆朗玛峰'上有多少个夹子。"卓群说:"对,我也数不清,太多了。""小裁判"想到一个主意:"那我们就选一个爬得最快的小朋友,到上边将夹子取下来再数吧!"小朋友们一致表示赞同,蓝队推选昊昊,黄队推选了卓群去将夹子取下来。夹子取下来

一、运动性游戏

图3-4 两人一组爬向峰顶　　图3-5 "小裁判"在发号施令

之后,小朋友认真数了两遍,蓝队一共有10个夹子,黄队一共有9个夹子(图3-6),很快就分出了胜负。"小裁判"宣读:"第二回合蓝队获胜,接下来进行第三回合比赛。"小朋友的热情又一次高涨起来,同时也吸引来了许多小观众,并当起了啦啦队(图3-7),分别给自己的好朋友加油。

图3-6 卓群、昊昊将夹子取下来　　图3-7 "啦啦队"在给好友加油
　　　　数一数

洞察秋毫

1. 当老师发现幼儿对"珠穆朗玛峰"的游戏热情不高时,及时规划讨论,为幼儿添

加新的辅助材料。之前没有添加彩虹夹时幼儿的兴趣点不高，游戏持续时间太短。针对这一情况老师和幼儿在游戏前进行了规划，幼儿想出可以进行对抗赛游戏。为了区分两队不同角色，教师和幼儿一起决定添加不同颜色的彩虹长夹为辅助材料，从而使游戏顺利开展。在添加了彩虹夹之后，高结构的"珠穆朗玛峰"游戏焕发出新的活力。在规划后幼儿对新游戏的兴趣更加浓厚、探究欲望更强烈，从而推动新游戏更好地发展。

2. 游戏中，针对太挤问题和数夹子问题，老师和幼儿适时调整游戏策略，将游戏推向高潮。当比赛进行到第一轮难分胜负时，老师将幼儿集合起来进行讨论反思，幼儿开动脑筋、各抒己见，提出许多建议。针对人太挤问题，昊昊提出每次上两人，卓群提出可以从四个方向分别向上爬，他们还推选了一个"小裁判"，最后大家一起整合了所有建议，制定了新的游戏规则。游戏中他们一次又一次调整策略，不断创新玩法，让我真正体会到了"孩子是游戏的创造者和发明者"。比赛的输赢不是最重要的，重要的是他们全身心投入到游戏中，从中获得体验与感悟，从而提高幼儿自己解决问题的能力。幼儿在攀、爬中手臂和腿部肌肉力量得到增强，幼儿的平衡能力、协调能力以及耐力在对抗赛游戏中也一一得到发展。并且在游戏中幼儿获得了成功感、喜悦感及集体荣誉感等。

（崔海娜）

一、运动性游戏

4. 攀爬区的"胆小鬼"（中班）
——反复尝试让幼儿体验到成功感

追根溯源

户外活动时间，孩子们来到幼儿园东部攀爬区，有的幼儿选择轮胎墙，有的幼儿选择攀爬绳，还有一部分幼儿选择玩沙挖黄河大桥（图4-1）。

图4-1 东部攀爬区整体概况

精彩回放

场景一：

航航跟随盖盖来到爬梯前，只见盖盖轻松地爬上爬梯。当他成功从爬梯登顶之后,航航也跟随在后小心翼翼地开始攀爬,当他到达爬梯顶端,在顶部犹豫了许久,不知道自己能否跨越最后一步,但看到同伴成功之后,还是战胜了自己内心的恐惧成功登顶(图4-2)。这时盖盖选择了溜滑梯的形式滑下来,航航当然也跟随其后。无奈,航航最终还是对滑梯有所恐惧,在屋顶转悠许久之后也没有滑下来,而是选择从相对安全的轮胎墙爬下来。

图4-2 幼儿通过爬梯登顶　　图4-3 部分幼儿溜滑梯下来

场景二:

一周之后,我们再次来到东部攀爬区。航航不费吹灰之力独自一人通过爬梯登顶之后,站在屋顶看到滑梯不再犹豫,而是直接选择了他熟悉的轮胎墙爬下来(图4-3)。

乐乐站在屋顶鼓励航航:"航航你跟着我一起滑下去,这个滑梯一点儿也不吓人,很快就下去了。"璐璐也开始劝航航:"航航,我在后面保护你,滑下去吧,你可以闭上眼睛,滑梯真的很好玩的。"航航听了小伙伴们的鼓励之后,小心翼翼地走到滑梯前,站了许久(见图4-4)。小朋友们在下面大喊:"航航加油,你一定可以的。"终于他在滑梯口等待许久之后,小心翼翼地滑下去了(图4-5)。

一、运动性游戏

 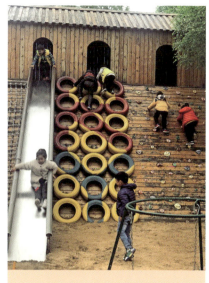

图 4-4　航航注视滑梯　　　图 4-5　航航开始时尝试滑梯

经过前面的几次尝试之后,航航终于不再害怕,和其他小朋友一样自如地滑滑梯了,同时航航也体验到了攀爬带来的成功感和快乐感(图 4-6)。

图 4-6　航航终于溜滑梯下来

利津户外游戏

回到教室以后,我和孩子们分享了航航溜滑梯的视频,和他们一起讨论:"你们遇到这种情况时会怎么做?"还请航航分享一下自己挑战成功后的心情。航航说:"刚开始,我对攀爬没有信心,认为自己做不到,不敢尝试,真正尝试后发现其实没有想象的那么难,经过努力完全可以做到。"

洞察秋毫

1. 提供其他小伙伴的成功经验,形成"榜样的力量"。上述案例中航航开始对滑梯充满恐惧,但最终通过观察其他小伙伴的动作、学习小伙伴的成功经验,不断尝试爬上了滑梯。当幼儿遇到问题无法解决时,教师要相信孩子,学会放手,耐心等待。孩子的潜力是无穷的。只要在安全范围内,教师就应该给予肯定和支持,学会以欣赏的眼光鼓励幼儿。作为一名旁观者耐心等待、细细观察,幼儿能力的发展是循序渐进的。

2. 分享航航的经验,培养幼儿自主解决问题的意识和能力。进入中班以后,随着能力的提高,部分幼儿开始有了自己解决问题的意识,但有的幼儿遇到问题时仍然会下意识地躲避或者是寻求别人尤其是教师的帮助。教师可以在活动结束后采用视频或图片的方式分享航航的活动过程,让幼儿明白游戏过程中失败的原因可能是多方面的,共同分析问题的原因,学会独立解决问题的方法。这样的分享与交流活动,对提高其他幼儿的认知水平,培养其独立解决问题的意识和能力都是有益的。

(李　婕)

一、运动性游戏

5. 跳跳床上的新花样(中班)
——创新玩法让游戏乐趣多多

追根溯源

攀爬区里几个镶嵌于地表或圆或方的小跳床,不断吸引着孩子们来蹦蹦跳跳。而今天孩子们除了单人跳、双人跳以外还尝试了跳床前滚翻。随后,又搬来了一个大的拱形塑料玩具。孩子们通过观察、尝试调整着拱形玩具的位置,找到二者最佳的衔接点以后孩子们开始尝试更多的弹跳方法。拱形塑料玩具与小跳床的结合,引发了孩子之间竞相尝试、互相学习的浓厚游戏兴趣(图5-1)。

图5-1 攀爬区

精彩回放

户外游戏时间,几个孩子在跳床前面排队玩起了弹跳游戏。不过,孩子们很快就不满足于单纯的"个人表演",而合作玩起了"双人跳""多人跳"的游戏。大家正跳得高兴时,一旁的塑塑却把脑袋放在跳床边上,双手撑地使劲来了个前滚翻(图5-2),身体翻到跳跳床的同时还跟着跳跳床的节奏上下起伏,很是惬意,与此同时还腼腆地对我笑笑。我赶紧鼓掌并向他伸出大拇指说:"这个前滚翻又灵活又帅啊!"孩子们也受到了鼓舞,纷纷到跳床前模仿同样的玩法,有的还尝试在跳跳床上弹跳一次落地后接前滚翻或接两个前滚翻的新玩法。户外游戏时间就在热烈的游戏氛围中结束了。

游戏结束后在教室里及时进行分享和反思。在第二天的户外活动时间,孩子们继

利津户外游戏

图 5-2 塑塑尝试做前滚翻

续玩花样前滚翻游戏。这一次晟睿找到一个大的拱形塑料玩具,并且想把这个玩具挪到跳床中间的洼地上。这个"大家伙"毫无疑问是很难凭一人之力"抱过来"的。于是,他观察了一下叫道:"舒航,过来,我有更好玩的!"舒航跑过去打量一番,一脸茫然地问:"你想做什么?"晟睿说:"我想把它放到跳床上,这样就有房子了。"说完两个孩子一人一边,合力把塑料玩具抬了过去。"房子"搭好了,两个孩子迫不及待地钻了进去,躺在软软的跳床上,头枕着草地甚是惬意。几个女孩在一边用手轻轻拍着"装睡"的晟睿和舒航,一边说:"宝宝生病了,快睡觉吧,睡一觉就好了。"(图 5-3)整个下午,"爸爸""妈妈",还有"宝宝们"就在这个"家"中进进出出忙碌着。调皮的孩子还经常爬"屋顶"往下跳,就像调皮的小猴子,而"爸爸""妈妈"也跟着一同玩耍,跳累了就回"家"睡上一觉(图 5-4)。

图 5-3 雯静哄"生病宝宝"睡觉

图 5-4 舒航爬上"屋顶"向下跳跃

一、运动性游戏

当孩子们再次来到这里,又开发出了新玩法。孩子们合力把拱形塑料玩具搬到跳跳床的一端,做成了一个简易的"跳台"。第一个小心翼翼爬上跳台的依然是舒航,他模仿跳水运动员张开双臂,用力跃起跳到跳跳床上,连续弹跳了两次都安全着陆,我也适时向他伸出大拇指表示祝贺。接下来尝试的是班里年龄最小、个头也最小但格外灵活的小林,他在"跳台"上深深呼了几口气,攥了攥小拳头给自己加油打气,然后一个"老鹰展翅"一跃而下,在跳床上弹起落地后,顺势加上了一个漂亮的前滚翻。我毫不吝啬地报以热烈的掌声,欣赏到这精彩一幕的孩子们也跟着为小林欢呼。几番游戏过后,一格也露出了跃跃欲试的表情,我就鼓励她说:"一格,来一个吧?"她看了看我鼓足勇气颤颤巍巍爬上拱形玩具,好久才站好,孩子们不但没催促,还大喊"一格加油",晟睿也忙着给她传授经验,"跳下去的时候稍微弯弯腿就不会摔倒了。"在大家的鼓励下,一格终于鼓起勇气一跃而下,虽然没有加上前滚翻,但还是迎来了小伙伴们热烈的掌声。就这样,越来越多的孩子加入"高台跳水"的游戏行列里,度过了一个完美的游戏时间。

洞察秋毫

1. 抓住游戏的"哇"时刻,分享经验,推动游戏升级。游戏中老师变身欣赏者和鼓励者,通过观察,捕捉孩子游戏中的思维闪光点和精彩瞬间,案例中晟睿等对原有场地进行新的布置,一个拱形玩具成全了孩子们的"过家家"游戏,跳跳床变成了温暖的小床,拱形塑料玩具构成了一个充满欢乐的"家"。通过观看照片、视频等方式进行记录后共同回顾这些素材,让孩子创造出更加丰富的游戏细节。

2. 营造安全的心理氛围,为幼儿的动作发展保驾护航。从塑塑的前滚翻到舒航在拱形塑料玩具上保持平衡后调整身体姿势的一跃而下,再到小林的一个老鹰展翅跃下弹跳后灵活地再来上一个前滚翻,教师始终在有效安保距离内给予孩子关注,通过表情对孩子动作给予肯定。安全的心理环境让幼儿敢于不断尝试,从而使之平衡能力和动作的协调、灵敏性得到提高。

(韩吉花)

利津户外游戏

6. 牛牛挑战攀爬绳(中班)
——幼儿具有明确的游戏目标和坚定的毅力

追根溯源

图6-1 多功能木制攀爬器及辅助材料

攀爬游戏有助于培养幼儿坚强、勇敢、不怕困难的意志品质,提高幼儿动作的协调性和灵活性。幼儿园的东南角为孩子们提供了多功能木制攀爬器、小厨房和其他辅助材料(图6-1),游戏中孩子们扮演着小厨师、快递员、小超市、城市居民等多种角色,小厨房里发出叮叮当当炒菜的声音,沙池里挖宝藏、做爆米花……大家各司其职、乐在其中。最近,孩子们玩起了经由网绳、轮胎、攀登架、攀爬绳等不同路线给楼上住户送外卖的游戏。攀爬绳相比其他路线更具有挑战性,需要调动幼儿手、脚、眼及全身器官的综合配合。石头每次都选择经由攀爬绳送外卖,牛牛在攀爬绳附近徘徊着,抬头仰望石头许久。显然,牛牛对攀爬绳充满了好奇。

精彩回放

自主游戏开始了,乾君、铭雨、梓旭选择了攀爬绳"送外卖",牛牛在攀爬绳附近徘徊着,抬头仰望乾君许久(图6-2)。几分钟后,牛牛双手抓起了左边的绳子,脚蹬斜坡向上走去。刚走两步就滑了下来,他微笑着又抓起绳子,可刚上去两步又滑下来了。这次他换了中间那条绳子,爬上去三步,又失败了;又换右边的绳子,双脚用力蹬住斜

一、运动性游戏

坡在上面停留5秒钟又失败了。牛牛在三条绳子之间反复探索了40多分钟,最后他选择了中间那条打结的绳子,双手抓紧绳子,两脚蹬斜坡,咬紧牙,使出全身的力气向上爬(图6-3),爬到四分之一处又滑了下来,不过滑下来后脸上依旧洋溢着灿烂的笑容。牛牛说:"乾君能爬上去,我也一定能爬上去。今天我挑战了很多次,我发现爬中间那条打结的绳子要容易一些。"

图6-2 牛牛徘徊许久　　　　　图6-3 牛牛反复探索

第二次游戏活动规划时铭雨分享了自己成功的经验。铭雨说:"我喜欢用中间那条有疙瘩的绳子,因为我可以坐在中间的疙瘩上休息一下再接着往上爬,这样很快就能把饭送给顾客。"

牛牛给自己定了目标,他说:"今天我想学铭雨的方法送'外卖',争取比上次爬得更高一些。"这次他巧妙地借鉴了铭雨发明的省力方法,每爬上一步就双腿夹紧疙瘩,屁股坐在上面稍作休息调整一下,一小步一小步地往上挪动,身体晃动的幅度也明显减小了。今天牛牛已经能轻松爬到二分之一的高度了,铭雨和乾君看他爬得比较高了,激动得在下面大声喊:"牛牛加油,牛牛加油!"

游戏结束的音乐响起,牛牛还在竭尽全力地往上爬,这次牛牛离成功只差一步之遥(图6-4)。

图6-4 牛牛离成功只差一步之遥

利津户外游戏

图6-5 牛牛成功登顶

近段时间,每次来到攀爬区,牛牛总会反复挑战攀爬绳。三周后,再次来到攀爬区,牛牛和乾君还是通过攀爬绳"送外卖",不过今天牛牛挑战了23分钟后放弃了,牛牛悄悄地坐到石头上。我顺着他的眼神望去,牛牛在默默地观察乾君,3分钟后牛牛"噌"的站起来跑向绳子,他双手拉起绳子,双脚交替向上爬,咬紧牙关,手脚并用,一步一步地往上移动,这次他用自己一个月来的努力和坚持取得了成功,当他的左脚迈进门洞的那一刻我的内心为牛牛而澎湃,牛牛站在坡顶大声呼喊:"老师,快来给我照相啊,我成功啦!"兴奋溢于言表(图6-5)。

一枝独放不是春,百花齐放春满园。牛牛的成功也吸引了更多的小朋友尝试挑战攀爬绳"送外卖",这一点可以从下面的统计图前后变化清晰看出(图6-6、图6-7)。

图6-6 统计一　　　　　　图6-7 统计二

洞察秋毫

1. 观察先行。教师在全面观察的基础上确定重点观察对象,观察中我用爱呵护,静待花开。在整个游戏过程中给牛牛足够的时间去探索,当他一次又一次失败时我及时给予鼓励和表扬,增强其自信心。

2. 重视过程。正是因为教师重视游戏活动的过程,不以成败来评价牛牛,才有了

一、运动性游戏

"牛牛失败过几十次,每次滑下后脸上依然洋溢着灿烂笑容"的感人场景。他不抱怨、不气馁,而是不断地尝试,通过持续探索,有了自己的新发现——爬中间那条打结的绳子要容易一些。在反思活动时,我表扬了牛牛的专注、坚持、不放弃的态度,这既保护了牛牛的自尊心,增强了其自信心,也发展了他良好的学习品质。

3. 教研跟进。三位教师针对"牛牛坚持攀爬但爬不上去"这一现象,展开教研,分析得出:由于牛牛的大肌肉动作力量不足、身体的协调性和平衡能力有待提高等多种因素,导致牛牛前几次没有成功爬上去。教师们准确把握牛牛的实际水平,陪伴他玩推小车、踩高跷、走吊环等游戏,增强他的臂力和平衡能力,提高他的身体协调性和手臂力量,帮助推他成功登顶。

4. 同伴互助。铭雨分享自己成功的经验:可以坐在疙瘩上休息一下再往上爬,这样很快就能把外卖送到楼上。牛牛借鉴铭雨的经验为自己定下目标——今天我想借鉴铭雨的方法争取比上次爬得更高一些。

这一个月以来牛牛探索攀爬绳时经历了乐此不疲、一步之遥、挑战成功三个阶段,他获得的远远不只是攀爬技能的进步,更重要的是他发展了自主选择、主动学习、挑战困难的态度、能力和自尊自信的积极自我意识……这一切将汇聚为牛牛今后学习和发展的良好基础与宝贵动力。

(王建玲)

利津户外游戏

7. "跳水"游戏的快乐(大班)
——材料的创新组合让游戏更具趣味性

追根溯源

以往幼儿园平衡区的材料以梯子、攀爬架、木箱等器械为主,固定一个模式摆放在场地上(图7-1)。从中班开始,幼儿就在这固定模式的器械上游戏,可是升入大班后,孩子们身体动作的协调性、灵敏性较中班时都有了很大提高,能通过自己的想象力和创造力进行自主游戏,并能有意识地进行合作游戏。他们对这个固定模式的游戏不再感兴趣,很多幼儿每次玩不了几分钟就转移目标,在草地上玩起了其他游戏。为了保证幼儿在平衡区游戏的趣味性,我们尝试从"预设"走向"自主",把固定在场地上的材料拆开,整齐地摆放在活动场地的旁边(图7-2)。游戏时,孩子们可根据游戏的需要,自主选择材料组合建构,把游戏的主权还给孩子。

图7-1 固定摆放在场地上的材料

图7-2 拆开摆放的材料

一、运动性游戏

精彩回放

场景一：户外游戏时间到了，孩子们高高兴兴地来到平衡区场地，只见他们有的两两合作抬梯子，有的三四个人一起抬攀爬架，有的五六个人一起推拉木箱，力气大一点的幼儿就独自搬木板（图7-3）。Y小朋友在搭建过程中成了"小小领导者"，他指挥着搬运器材的小朋友如何摆放，并帮助他们把梯子两头的凹陷处卡在攀爬架上，如遇到不卡槽的地方他会调整两个攀爬架的位置，一直到合适为止……当他看到有的幼儿搬不动器械时，会主动喊来其他小伙伴帮忙。我不禁为Y小朋友的所作所为竖起大拇指，"Y，你真能干。"在他们的一番忙碌下，一个复杂、原创的游戏场地就建成了（图7-4）。

图7-3 幼儿合作建构　　图7-4 幼儿重新创建的游戏场地

场景二：梯子斜搭在攀爬架上，作为入口。为了方便上下，有的幼儿在入口处摆放了三个梯子，紧接着又是梯子连接攀爬架，高低不平，增加了难度。Y小朋友在梯子的尽头，也就是最后一个攀爬架的下面摆放了好几块垫子。只见他站在高高的攀爬架上，纵身一跳，腾空而起落在了下面的软垫上，后面的几个孩子看到后都为之惊讶："Y，你好厉害呀！""Y，你真勇敢！"看到这一幕我也很好奇地走过去问："Y，你是怎么想到的？"Y开心地告诉大家："我在电视上见过，这叫'跳水'。"于是，我鼓励道："Y，你真有想法，能把看到的事情运用到游戏中，你做得很不错。"他开心地爬上去又给我表演了一次。他的这一举动吸引了更多孩子的参与，不一会儿，梯子上排起了一条长龙，他们都想来挑战，体验"跳水"的感觉（图7-5）。

利津户外游戏

图 7-5 跳水游戏

孩子们从梯子的入口处一个接一个地走过梯子,站上"跳水台"准备跳水,Y 直接省略了走梯子的过程,搬了另一个梯子搭在"跳水台"上,直接从梯子爬上"跳水台",一遍一遍地"跳水",部分孩子也跟着 Y 走了捷径,对"跳水"游戏情有独钟了。

就在他们玩得很尽兴的时候,从梯子上走来的孩子"告状"说他们不排队。"这该怎么办呢?你们有什么游戏规则吗?"我把问题抛给了孩子们。L 小朋友想了想说:"应该把这个梯子撤掉,从头开始,走过梯子再到跳水台上排队跳水,这样就不会有插队的了。"这一建议得到了大家的认可,孩子们马上行动起来,撤掉梯子,有秩序地排起了队。当有个别幼儿出现插队情况时,就会有人提醒,他们不推不挤,一个一个轮着爬上"跳水台",然后腾空跳起,享受落地时的快感。每完成一次跳水动作,孩子们的脸上都会浮现出成功的喜悦。完成"跳水"的孩子马上又回到队伍后面,等待下一次"跳水",大家一边玩一边相互提醒:要排队,X 等几个孩子自愿负责起摆垫子的工作,孩子们一遍又一遍,周而复始地玩着"跳水"游戏,每个孩子脸上都挂着灿烂的笑容。

一、运动性游戏

洞察秋毫

1. 关注游戏区活动材料的调整和创新组合。教师发现幼儿对固定的游戏材料不感兴趣时,把高结构的固定游戏设施变成低结构的游戏材料。游戏中,幼儿相互合作搬运器械、建构路线,同伴分工合作,充分发挥想象力和创造力,玩出了适合自己的"跳水"游戏。

2. 对表现突出的幼儿给予更多鼓励、信任和放手,发挥他们在群体中的带动作用。Y小朋友在此次建构路线的过程中发挥着安排、分工、协调的指挥作用,遇到问题能通过自己的观察借助已有生活经验解决。今天又是他利用梯子和软垫创造了"跳水"的新玩法。每个班级都会有几个像Y小朋友这样具备"领袖气质"的幼儿,他们有的有组织能力,有的有创意、有想法,教师可在平时游戏中更信任、更放手些,让他们充分展现和表达自己,并影响和带动其他幼儿。

3. 尽可能鼓励幼儿自己面对问题,自己解决问题。当幼儿在游戏过程中遇到"不排队"的问题时,教师没有站在成人的立场给予他们一个结果,而是通过提问"你们有什么游戏规则吗?",把问题抛给幼儿,鼓励他们自主解决。他们很快制定出一个简单的游戏规则"从头开始排队走过梯子然后跳水",问题迎刃而解。

(张莎莎)

利津户外游戏

8. 挑战高管（大班）
——及时增添材料引发幼儿深入探究

追根溯源

平衡区里的线缆碌子、轮胎碌子，孩子们已经可以自如地上下碌子和站在碌子上面通过脚力推动碌子前进。已有材料已经不能满足部分幼儿的挑战需求。为了激发幼儿的挑战欲望，平衡区里又添置了高大的黑色下水道管子和彩色的大塑料桶碌子等新游戏材料（图8-1）。这些新材料的投入，满足了幼儿对高度的挑战，可以更好地促进幼儿平衡能力的发展。

图8-1　平衡区的新游戏材料

精彩回放

户外游戏时间，平衡区里新添置的大型下水道管子，引起了华宇和一凡等几个小朋友的兴趣。"这管子太高了。"华宇一边说着一边把手高高地举起。"这可咋上去呀？"一凡边说边摇头。"咱先试试吧。"华宇说。在华宇的鼓励下，一凡默许地点了点

一、运动性游戏

头。华宇试着跳起来爬上管子,无奈管子实在太高太粗,尝试了几次都没有成功(图8-2)。

他俩窃窃私语了一会儿,两人径直跑到了离管子大约十米左右的赛道旁,一起喊着"预备——跑",以百米冲刺的速度,向管子发起了进攻(图8-3)。两个孩子和管子来了个"熊抱",管子顺势向前滚了一米左右,3—5秒后他俩从上面滑了下来。

图8-2　华宇和一凡尝试用跳的方式爬上管子　　　图8-3　华宇和一凡用助跑的方式爬管子

华宇说:"看来,这个办法不行。"一凡说:"嗯,这个管子总是在动。"华宇说:"我扶着管子,你来试。"于是,华宇用手扶着管子,一凡则又回到刚才的起跑线,以百米冲刺的速度冲向管子。当一凡双手放在管子上面的时候,华宇激动地说:"快用力,腿再上去一点就成功了。"这次管子没有滚动,但一凡还是掉了下来。在一旁扶着管子的华宇拍拍脑门对一凡说:"找东西放在下面,增加高度,就行了。"越挫越勇的两人相视一笑,心照不宣地从平衡区的玩具架上找来了塑料陀螺放到管子下面。几次尝试以后,他们又调整了陀螺的位置,把陀螺放到了管子的一侧,和管子并排,这样他们可以控制管子的滚动幅度(图8-4)。

图8-4　一凡踩着陀螺爬上了管子

利津户外游戏

　　一凡率先爬了上去。他趴在管子上，慢慢收起左腿跪在管子上，再收起右腿试图站起来。在快要站立起来时，管子往前一滚，一凡没有控制好身体，从管子上掉了下来。显然，这一下摔得有点疼，他龇着牙揉搓着膝盖，不甘心地看着眼前这个庞然大物。"没事吧？"华宇看一凡从管子上掉下来，上前关心地问到。一凡倔强地摇摇头："再来一次，我一定会成功的。""好，我来给你扶好管子。"华宇鼓励一凡。华宇在一侧使劲地用后背顶住管子，不让其向前滚动。这一次一凡成功站立在管子上了。于是兴奋地招呼华宇："快，你也上来。"华宇踩在陀螺上，爬到了管子上，一凡伸出手，使劲地拉华宇，帮助华宇站起来，嘴里还喊着："别着急，慢慢来，先立起一条腿，好，站起来了。"（见图8-5）终于，他俩都成功地站到了管子上（图8-6）。

图8-5　一凡拉华宇爬上管子　　　　　图8-6　他们成功站到了管子上

图8-7　华宇从一个管子跨到另一个管子上

　　我以为孩子们挑战成功以后，他们和管子的互动也就到此为止。不一会儿，孩子们又开始了新的挑战。他俩商量了一番，随即又滚来一个管子。原来他们不再满足于单纯地在管子上来来回回走，开始了新的探索，尝试从一个管子跨到另一个管子上（图8-7）。孩子们在不断地挑战自我，探索更多的可能……

一、运动性游戏

洞察秋毫

1. 及时补充游戏材料,引发幼儿深入探究。平衡区里熟悉的材料已经不能满足部分幼儿的挑战需求。为此,我们及时投入高大的黑色下水道管子、彩色大塑料桶礅子和陀螺等新材料,吸引幼儿与之互动。凭借以前的滚礅子经验,幼儿采取了跳、爬、助跑等方法来爬上这些高高的管子,没能成功。随着不断的探究,他们发现了问题的关键,助跑只能让自己跳起来,高度问题还是不能解决。最终选择了把陀螺作为辅助材料,巧妙地解决了身高的不足。高大的黑色下水道管子和彩色的大塑料桶礅子及辅助材料的投入,激起了幼儿的探究欲望,丰富了游戏内容,推动了游戏的发展,更好地促进了幼儿平衡能力及解决问题的能力的发展。

2. 分享同伴智慧,推动幼儿深入学习。游戏中教师及时捕捉幼儿游戏中解决问题的行为表现,并进行解读分析。如游戏时幼儿尽管一次次挑战失败,但他们并没有气馁,而是一次次改进挑战策略,表现出了勇于尝试、积极探索、主动协商等良好的学习品质。在游戏反思分享环节,把捕捉到的幼儿游戏行为以图片、视频的方式与幼儿交流分享,从中分享同伴的智慧,学习同伴的经验,推动幼儿深入学习。

(刘晋红)

利津户外游戏

9. 好玩的磙子（大班）
——在自主合作游戏中培养幼儿解决问题的能力

追根溯源

在梯子滚筒区里，有各种各样的磙子：电缆磙子、PVC管磙子、轮胎磙子等等，它们可以很好地锻炼幼儿的平衡能力。大部分孩子可以很轻松地挑战轮胎磙子、各种高度的电缆磙子、还有更高难度的波纹磙子。陆陆续续有几个小朋友可以单独成功挑战波纹磙子了。有的孩子已经不再满足于一个人走磙子，开始尝试多人走波纹磙子。

精彩回放

图9-1　男孩帮助聪慧清理障碍物

伟伟、安琪等几个小朋友准备一起挑战走波纹管磙子。伟伟和安琪借助轮胎磙子先爬上了磙子，聪慧负责清理磙子旁边的障碍物。她先迅速清理了几个比较轻的磙子，剩下最后一个又高又重的轮胎磙子挡在了她的面前。聪慧使出"吃奶"的劲，想挪动轮胎磙子，但还是弄不动它。她向我求助："老师帮帮我吧！"还没等我开口，佳诺、笑辰已接收到她的求助信号，迅速帮助她清理了前进道路的障碍（图9-1）。

道路障碍终于清理干净，俊熙从远处赶来，伟伟和安琪把磙子的另一边给俊熙留出位置来。三个孩子初次配合，走得并不很默契，屡次中途跳下来。他们停下商量对

一、运动性游戏

策,聪慧也帮助他们出主意,终于想出了办法。伟伟半跪着,安琪弯着腰,俊熙和安琪牵着手,努力维持着磙子平衡,支撑着磙子前进(图9-2)。

三人走了一小段,似乎找到了合作的平衡点,三人状态越来越好。聪慧说:"你们快要成功了,加油啊!"这时伟伟颤颤巍巍站起来了,但没走两步,马上又跪下了。安琪说:"我们的磙子太快了,伟伟跟不上。"俊熙却无奈地表示磙子已经无法再慢了。"要不我进

图9-2 三人用不同方式走磙子

磙子里帮你减速吧!"聪慧说。"那你快进去,我们试试吧!"伟伟迫不及待地要尝试。聪慧麻利地钻进磙子里,协助俊熙保持磙子的平衡。安琪拉住伟伟的手,帮助伟伟站起来,而俊熙在磙子上面维持磙子的平衡。伟伟这次大胆站起来,走了五步左右。伴随着"啊,啊,啊……"的叫声,安琪、伟伟跳了下来,俊熙则凭借自己技高一筹的平衡能力,继续留在磙子上。

安琪和伟伟纷纷试图跳上磙子,但是磙子太高,两人试了几次都跳不上去。两人又滚来轮胎磙子,想借助轮胎磙子爬上去。聪慧一只手扶着轮胎磙子,一只手扶着波纹管子,想协助她俩爬上去。但是,聪慧分身乏术,伟伟和安琪很难跳上去。"我去找一个人来帮忙,我一个人扶不过来。"一溜烟的工夫,聪慧找来了大力士——佳诺。"哪里需要帮忙?"佳诺问。"你力气大,你扶着这个轮胎磙子,让安琪和伟伟上去,我去波纹管子里面帮助俊熙。"聪慧指挥着佳诺。安琪个子比较矮,上磙子的时候有些吃力。伟伟踮起脚,用双手托着安琪的屁股,帮助她顺利爬上了波纹磙子。伟伟个子高,在佳诺的帮助下,比较轻松地爬上了磙子(图9-3)。

伟伟、安琪、俊熙都成功爬上了磙子。这次,磙子上的三个小朋友变得格外小心翼翼,磙子里的聪慧也"紧张"地倚在磙子后壁上。磙子开始滚动了,孩子们全神贯注地用力让磙子缓慢前进。孩子们的脸上开始出现得意放松的笑容,"稳住,大家一定要稳住!"俊熙"告诫"大家。三个小女孩接收到俊熙的"警告"信号,继续小心翼翼地坚持走着。磙子终于到达终点,"我们成功了!我们成功了!"孩子们欢呼雀跃着(图9-4)。

利津户外游戏

图9-3 小伙伴们帮助安琪上碌子　　图9-4 合作成功，孩子们欢呼雀跃

伟伟跑到我身边，骄傲地对我说："老师，我们挑战成功了！""你们真棒！"我走到孩子们面前，伸出两个大拇指说："你们真厉害啊！""我们还可以更厉害呢！咱们再走一次？"安琪提议。"好，我们再走一次！"小伙伴们异口同声地说，四人雄赳赳气昂昂地又走向了碌子，开始新的挑战。

洞察秋毫

1. 尊重幼儿在游戏中的主体地位，及时肯定幼儿良好的行为与表现。走碌子游戏中，虽然"问题"贯穿整个游戏，但教师始终坚持"管住手，管住嘴"，让幼儿一直处于游戏的主体地位。聪慧出谋划策并辅助维持碌子的平衡，伟伟、安琪和俊熙互相"迁就"维持碌子平衡。幼儿各司其职，发挥自己的"主人翁"精神。幼儿每次主动解决问题的过程，也是幼儿主动发展的过程。幼儿成功后，教师及时给予鼓励，能激发幼儿的成就感，激发幼儿的自信心和学习的内驱力，促使幼儿积极尝试新的挑战。

2. 给幼儿提供解决问题的机会。比如在游戏中，聪慧清理障碍遇到困难时，佳诺、笑辰主动帮助同伴解决问题；当安琪爬不上碌子时，孩子们没有放弃，先后尝试借助轮胎、找同伴帮忙的办法解决问题。整个游戏过程，幼儿表现出高度的自主性和灵活性，合作解决问题的能力得到了进一步发展。

（许孝花）

一、运动性游戏

10. 同伴助力走磙子(大班)
——榜样的力量助推幼儿发展

追根溯源

幼儿园的梯子滚筒区,有很多大小不一、材质不同的磙子(图10-1),孩子们有的推着磙子走,有的钻到磙子里面手脚并用推着磙子向前走,有的俩俩结伴站在磙子上走……磙子成了孩子们的"玩伴"。俊儒和涵涵是好朋友,经常在一起游戏。俊儒乐于与同伴沟通,喜欢挑战,平衡能力好,在滚筒区玩过几次后,就能自如地在站在磙子上行走了。每次看到俊儒在磙子上走,涵涵总是跟在她的后面跑来跑去,有时会推着磙子走一走,有时会趴在磙子上玩一玩。磙子易滚动不稳定,涵涵虽然动作灵活,但是有点胆小,对能像同伴一样站在磙子上行走既羡慕又有点恐惧。

图10-1 各种各样的磙子

精彩回放

自主游戏时间,涵涵来到平衡区,选择了一个小的线缆磙子,并想办法站到磙子上去,但几番尝试未能如愿。她的好朋友俊儒看到后,走过来告诉她:"勇敢才能成功!"

利津户外游戏

看到涵涵不敢上去,她跑过去扶住碌子,让涵涵站到碌子上,但是没等站稳就掉了下来。俊儒见状,立即站到碌子上做起了示范,一边示范一边说:"现在呀,你就是不敢!"然后,给涵涵扶着碌子,告诉她:"我给你扶着,你要大胆!"(图10-2)涵涵还是不敢上去,跑到一边小声说:"我不敢!"俊儒忍不住又一次上去示范,一边上碌子一边说:"你要大胆,勇敢地站上去!"等她的两只脚都站上碌子后,接着说:"先要稳住,晃的时候慢慢走,坚持住,我就是这样成功的!"(图10-3)

图10-2 俊儒帮涵涵扶着碌子

图10-3 俊儒示范走碌子

有了同伴的示范讲解和鼓励,涵涵又有了勇气,继续挑战线缆碌子。俊儒蹲下帮涵涵扶住碌子(图10-4),鼓励涵涵:"你要大胆、大胆!""要先站稳!"没等俊儒说完,涵涵又一次从碌子上掉了下来。俊儒耐心地又一次做起了示范动作,涵涵看完后,继续尝试上碌子,但总是站不上去,俊儒有点着急地用手比划着说:"第一次要勇敢,保持平衡!"看到涵涵还是不敢上,她又一次上去示范。

图10-4 俊儒鼓励涵涵要大胆走碌子

一、运动性游戏

示范完成后,俊儒走到离涵涵大约3米的地方,半蹲在地上用手指了指地面,告诉她要走到这个地方,并反复强调:"你要大胆,勇敢!""第一,要保持平衡;第二,要多试几次;第三,要坚持;第四,一直保持平衡。"(图10-5)涵涵细心听着动作要领,再次试着上碌子,好不容易上去了没站稳又掉了下来。俊儒再次上去示范,涵涵默默地观察她是怎样站稳又能让碌子向前滚动的。

图10-5　俊儒给涵涵定目标并讲解动作要领

涵涵一遍遍反复尝试,不断调整脚在碌子上的位置,寻找平衡点。俊儒在一旁边看边对她说:"要坚持住,保持平衡!"在俊儒的鼓励下,涵涵扶着碌子的两侧,小心翼翼地站上去,张开双臂保持平衡,这样在碌子上坚持了几秒钟,虽然还不能向前滚动,但是已经有了很大进步。我向她伸出了大拇指,并给予赞许的目光。

涵涵又自己试了几次,总是上不去,俊儒在旁边静静地观察着。看到她还是上不去,俊儒又做了一次示范,并督促涵涵快点练习。涵涵这次主动请俊儒帮忙扶住碌子一侧,自己尝试站到碌子上,可总是站不稳。这时在左侧蹬碌子的小男孩对她说:"涵涵加油!我已经会了!"受到同伴的鼓舞,涵涵有了信心。

这一次,她憋足了劲,一下子踩到碌子上,站起来了,手臂打开保持平衡,用脚蹬着碌子向前走了几步。涵涵高兴地跳了起来:"我成功了!我真的成功了!"(图10-6)看到自己的"学生"成功了,俊儒兴奋地跳上碌子开心地走着以示庆祝,涵涵说:"你快下来,让我再试试!"

图10-6　涵涵初次走碌子成功

利津户外游戏

接下来,俊儒改变在碌子上示范的方法,伸开双臂在地上走,涵涵则小心翼翼地伸开双臂在碌子上走(图10-7)。看到涵涵的进步,周围的小伙伴们都为她鼓劲:"加油!"

自主游戏结束的音乐响起,涵涵还想继续练习,看到同伴滚过来一个大线缆碌子,她顺势借助大碌子,小心翼翼地蹬着向前走,一直到把碌子放回场地(图10-8)。

图10-7　俊儒在地面上示范

图10-8　涵涵借助大碌子向前走

洞察秋毫

1. 分享同伴互助的经验,榜样带动,共同发展。俊儒在教同伴学习站在碌子上行走的过程中,既有语言的讲解,又有动作的示范,并把经验分享给同伴;涵涵乐于向同伴学习,认真倾听和观察同伴的讲解示范。在反思环节,我与幼儿们分享俊儒指导涵涵走碌子的视频,让幼儿们体会涵涵的成功,既离不开涵涵的坚持,也离不开好朋友的帮助。教师应多为幼儿提供自由交往和游戏的机会,对有合作行为的幼儿给予积极评价和鼓励,鼓励她们自主选择、自由结伴开展活动,发挥榜样的作用,激发内驱力,互相学习,共同发展。

2. 肯定、鼓励幼儿的游戏行为,发现幼儿优秀的学习品质。游戏中,涵涵反复尝试,寻找碌子的平衡点,突破上碌子的难题,最终找到了走碌子的窍门,表现出了不怕失败、坚持不懈的意志品质。俊儒面对好朋友的一次次失败不放弃,反复示范20多次,表现出了极大的耐心和坚持性。涵涵从不敢到主动尝试,并一步步走向成功,增强了自信心,获取了前进的动力,体验到挑战自我的快乐。作为教师,可以通过眼神、动作、语言等给予孩子赞赏,肯定幼儿坚持不懈的优秀品质,给幼儿足够的探索空间和时间。

(蒋　玲)

一、运动性游戏

11. 怎样最公平(大班)
——在冲突中维护公平与调解游戏规则

追根溯源

步入大班,孩子们的社会交往能力明显增强,喜欢和朋友们玩一些带有规则的游戏,并体会到了规则的重要性,为此他们在游戏中开始自己制定游戏规则并遵守。

大班的孩子喜欢跑、跳、攀爬等运动,所以连续玩了一周的攀爬区,孩子们对此区域的兴趣仍旧不减,尤其是其中的荡绳,看似简单的两根绳子,实则需要孩子们足够的臂力才能在绳子上荡来荡去,即使这样,还是深受孩子们的喜爱。

精彩回放

今天游戏活动一开始,坤坤等几名幼儿率先来到荡绳的位置,坤坤先抢到了荡绳,他的后面依次排着攀阳等几名幼儿,玩了一会儿,坤坤跑过来说:"老师,我们玩不下去了,他们都不同意我的玩法。"

我问:"你是怎么玩的?"

"我先在荡绳上荡十次,第二个小朋友荡九次,第三个小朋友荡八次,第四个小朋友荡七次。"坤坤说(图11-1)。

听到这,我明白了那三位小朋友不同意坤坤的玩法的原因。但是,我却故意问其余三个小朋友:"你们觉得坤坤的这个方法怎么样?"

图11-1 坤坤和几名幼儿来到攀爬区

利津户外游戏

"不好,只有他能荡十次,我们都比他玩得少。""我玩得最少,不公平。"排在最后面的展郡有点生气地说。"对,不公平。"攀阳、鑫鑫也附和着说。

这时,坤坤摸了摸头,有点不好意思地说:"也对啊,那咱们再重新商量个办法吧。"说完,四个人凑在了一起(图 11-2)。

不一会儿,攀阳走过来对我说:"老师,我们每个人玩三次,我玩三次,他们玩三次,这样就公平了。"我问:"那谁先玩呢?""我先玩。""我先玩。"四位小朋友都争着举起了小手,生怕轮不到自己玩似的。"那怎么办呢?"我又问。坤坤说:"要不我们玩'石头、剪刀、布'的游戏,谁赢了谁先玩。"其余三位小朋友连忙说"行"。于是,四个人又围在一起,一局结束,攀阳胜出,高兴得手舞足蹈,"我第一个。"接着展郡也胜出,排在了第二个,坤坤第三个,最后是鑫鑫(图 11-3)。

图 11-2　幼儿凑在一起商量办法　　图 11-3　孩子们用"石头、剪刀、布"的游戏决定谁先玩

于是,荡绳游戏重新开始,排在前面的小朋友一遍一遍地玩得很兴奋,后面的小朋友翘首以盼。过了一会儿,见还没轮到自己,坤坤大声地说:"前面的快点,要不就轮不到我们了。"没有得到其他小朋友的回应,坤坤又说:"玩三次的时间也太长了,要不每个小朋友玩一次吧!"鑫鑫说:"行。"排在第二的展郡没说话,手里还抓着荡绳的攀阳不同意了,说:"不行。"大家你看看我,我看看你,一时没了主意(图 11-4)。

这时,展郡着急了:"老师,坤坤想让我们每个人玩一次,攀阳想每个人玩三次,怎么办呀?"大家都看向了我。看着孩子们期望的眼神,我说:"要不这样吧,同意哪个办法的人多,你们就用哪个办法,怎么样?""好!"征得大家的同意后,我说:"同意每个小

一、运动性游戏

图 11-4 荡绳游戏又一次开始

图 11-5 同意每个小朋友玩三次的举手

朋友玩三次的举手。"攀阳立刻举起了手(图 11-5)。"同意每个小朋友玩一次的举手。"坤坤、展郡、鑫鑫三人都举起了手(图 11-6)。攀阳一看,没有再说什么,主动把荡绳让给了下一个小朋友(图 11-7)。

图 11-6 同意每个小朋友玩一次的举手

图 11-7 攀阳主动把荡绳让给下一个小朋友

洞察秋毫

1. 善用启发性提问,引发幼儿自主解决问题。从本案例中可以看出,幼儿在游戏

利津户外游戏

中总共遇到了三次分歧,每次分歧都离不开游戏的支持者——教师的引导,所以作为游戏支持者的教师在耐心倾听后给出的启发性建议往往能点燃幼儿思维的火花。"你们觉得怎么样?""怎样才公平?"这些提问让幼儿在情境中积极思考,茅塞顿开,自主解决问题的意识也自然萌发。

2. 引导幼儿变身规则的制定者,提高思维能力。在幼儿游戏中,大部分规则都是由教师制定,并要求孩子遵守,这也导致孩子们经常会出现"某某不遵守规则"的告状行为。其实,既然是以幼儿为主导的游戏,可以放手让他们进行自我管理,让幼儿由规则的遵守者变为规则的制定者,教师只需要适时介入。在本案例中,幼儿就是自己制定了玩荡绳的游戏规则并自愿遵守。当他们发现因规则不公平,游戏无法进行时,教师故意向其他幼儿征求意见:"你们觉得坤坤的方法怎么样""同意哪个办法的人多,就用哪个办法",最终引导幼儿找到公平的游戏规则。

3. 分享讨论,迁移经验。活动结束后,针对坤坤小朋友制定的游戏规则"第一个小朋友玩十次,第二个小朋友玩九次,第三个小朋友玩八次……"引导幼儿展开讨论,看看坤坤的做法是否值得提倡。通过讨论,能够让其他幼儿从中学会以后遇到类似问题时如何处理,逐步学习从对方的角度看问题,继而让孩子们懂得规则的制定是建立在公平公正的基础之上。

(杨莉莉)

一、运动性游戏

12. 挑战多人悠绳（大班）
——游戏中学会轮流与协商

追根溯源

幼儿园教学楼西侧的悠绳成了我班幼儿近期户外活动的首选场地，大部分孩子们在自由玩耍中已经学会了单人悠绳的玩法。近几天，董嘉威等几个小朋友开始尝试两人、多人荡悠绳，一根小小的绳子怎样才能容纳两个孩子甚至几个孩子呢？孩子们开启了探索之旅……

精彩回放

在户外游戏活动中，几位喜欢悠绳的孩子依然选择了荡悠绳，他们排成一队，一个接一个地轮流玩耍，玩得不亦乐乎（图12-1）。

游戏中嘉威提议尝试两个人一起荡悠绳，他邀请了站在他身后的思锐，他们两个一次次地尝试，起初孩子们看得很起劲儿，觉得非常有意思。很快，子扬就恼怒地对我说："老师，嘉威和思锐霸占着绳子，我们根本不能玩！"子扬这么一说，孩子们也叽

图12-1　孩子们站成一队轮流玩

叽喳喳地讨论起来，我把孩子们叫到身边，说："既然大家都想挑战两人悠绳，那么怎么样才能让每位小朋友都能玩呢？"嘉威灵机一动，认真地和小朋友们说："我们选个小队长指挥着玩吧，小队长点点豆豆，点到谁谁就去挑战，怎么样？"小朋友们一听乐了，

利津户外游戏

欣然接受了嘉威的意见。可是谁当小队长呢？只见嘉威朝思锐、子晴挤了一下眼睛，她俩一起高呼选嘉威，有的小朋友也附和说选嘉威，就这样嘉威顺利地当上了小队长（图12-2）。

有了小队长的指挥，游戏确实顺利进行了几局。可好景不长，子晴又看出了门道，生气地说："太不公平了，嘉威说到'走'这个字时总是点到思锐和子扬，根本不点我们，我们还是不能玩。"子晴的话似乎说到了孩子们的心坎儿上，孩子们都七嘴八舌地议论起来。孩子们的不满情绪弥漫开来。眼看游戏就没法进行了，嘉威又想出了一个新办法：把孩子们分成A、B两组，先由A组发绳，B组队员马上跳上去，两人一块儿荡悠绳，直到臂力撑不住从悠绳上掉下来则游戏结束；然后再由B组发绳，A组小朋友往绳子上跳，也是一直荡到从悠绳上掉下来为止。孩子们觉得这个办法不错，达成共识，可以尝试。这次的两人悠绳组合游戏直到游戏结束都进行得非常顺利。在以后的游戏中，他们在两人悠绳的基础上，用同样的游戏规则又挑战了三人、四人悠绳（图12-3）。

图12-2　"点点豆豆"轮流玩　　图12-3　分成A、B两组玩悠绳

在挑战五人、六人、七人悠绳时，轮流上悠绳致使多人悠绳的挑战总是失败。这时，只见孩子们聚在一起，好像商量着什么。我靠近仔细一听，子晴说："我不能第三个上，因为我跳不起来。"子阳说："我可以第三个上。"嘉威说："我不能第一个上，我的手很疼，我坚持不到最后。"世铭抢着说："我想第一个上，到最后我就跳不上去了。"……原来大家都在分享自己的体会。通过分析，这次他们调整了上悠绳的顺序，世铭第一个，思锐第二个，子扬第三个。嘉威的一声令下，他们进行了尝试。结果，思锐没有坚持到最后。孩子们发现后马上寻找可以第二个上悠绳的小朋友，子晴自告奋勇，他们

一、运动性游戏

进行了第二次尝试……就这样,经过一次次的商量与尝试,他们最终确定:世铭第一个、子晴第二个、子扬第三个、柯瑞第四个、嘉威第五个、思锐第六个、一鸣第七个,经过几番来回的验证,孩子们终于成功了,他们的脸上洋溢着幸福、快乐、成功的笑容(图12-4)。

图12-4 多人悠绳挑战成功

洞察秋毫

1. 游戏中,孩子们反复尝试,一次次地修改游戏规则,推动游戏的深入发展。当游戏发展到两人悠绳时,思锐和嘉威"霸占绳子"的行为引起了玩伴的不满,孩子们的告状声此起彼伏,游戏眼看无法为继。这时,教师介入,引导幼儿制定大家认可的、公平的游戏规则,公平的游戏规则使游戏得以顺利开展;当"点点豆豆"的游戏规则被嘉威扭曲使用时,因为有了前期经验,嘉威自己调整了游戏规则,并且用这种规则,他们探索出了双人悠绳的玩法,游戏得以深入开展。

2. 在挑战中,孩子们遇到困难能够坚持而不轻易放弃;在探究中,孩子们能与同伴

利津户外游戏

合作和交流。随着悠绳上人数的增多,游戏的难度也不断提高,孩子们虽然失败了很多次,但是他们不气馁,通过实践,他们总结出上悠绳的顺序有讲究,因为有的小朋友到了最后就跳不上去了,而第一个小朋友也未必能坚持到最后。他们在一起商量着、尝试着、挑战着,最终排出了多人荡悠绳的顺序,多人悠绳挑战成功。

(张　梅)

一、运动性游戏

13. 挑战吊环(大班)
——幼儿具有坚持不懈的毅力

追根溯源

耀耀是一个性格开朗且酷爱体能锻炼的孩子。他喜欢爬绳、爬钢管、能手脚交替协调熟练地在攀登架、软梯或肋木上爬上爬下;能在单杠、单个吊环上做10秒左右的悬垂动作;他的上下肢动作灵活协调,有较好的平衡能力。为了开展丰富多样、适合幼儿年龄特点的各种身体活动,新学期攀爬区新增加了一种游戏材料——吊环(图13-1),新吊环长约4米,上面有10个圆环,所以它的长度和环的个数相对单个吊环对孩子们来说难度更大,孩子们将迎来新的挑战。

图13-2 吊环

利津户外游戏

精彩回放

图13-2 耀耀抓到第二个环了

户外自主游戏开始了,耀耀和文琪发现了新增加的吊环。耀耀对文琪说:"我试试。"文琪站在一旁说:"加油!"耀耀先用双手抓住了第一个环使整个身体晃来荡去,然后他把腿分开侧转身的同时又用左手抓住了第二个环,当抓到第二个环时手一滑掉了下来(图13-2)。耀耀一边搓着两只手一边笑着对文琪说:"你来吧。"文琪也模仿耀耀的动作抓住了第一个环,还没等抓第二个环他就掉了下来。耀耀说:"文琪,你还不如我呢。"文琪也搓了搓手说:"我们再来试试吧!"他们两个像刚才那样又反复试了几次,耀耀能抓到第三个环了,文琪能抓到第二个环了。耀耀还在一次次地尝试,试图走得更远。自主游戏结束的时间到了,耀耀迟迟不肯离开。孩子们说:"耀耀,集合了。"他不情愿地边走边回头看吊环,看上去很不甘心。我赶紧跑过去,搂着他说:"你已经很棒了,慢慢来,老师相信你一定会成功。"

第二天,一来到攀爬区,耀耀直奔吊环处。抓环之前他将两只手在衣服上搓了搓,然后双手直接抓住第一个环,紧接着左手开始抓住第二个环,右手开始抓第三个环,没抓稳就掉了下来。他没有停歇,又开始第二轮尝试,他用力越过第一个环直接抓住第二个环,刚抓住就掉了下来。他不住地甩着两只手,休息片刻后他又开始了第三轮尝试。过了一会儿,他跑过来大声叫我过去,说他能抓到第四个环了。他由第一个环直接抓住第三个环,这样很容易就抓到第四个环了(图13-3)。我对他说:"你又取得了新的进步,我为你感到骄傲!"孩子很开心,一直抿着嘴笑。分享环节,耀耀说:"今天我能抓到第四个环了,因为我想了个办法,就是手从第一个环直接抓住第三个环。"(图13-4)

接下来的一周左右,耀耀每次到攀爬区都会去挑战吊环,每一次都会有不同的收获。有一次他尝试爬到吊环顶上,身体慢慢往前移动,然后用手直接抓住第三个吊环,这样就顺利地抓到第六个环了。二十五天后,他终于成功地抓到了第十个环(图13-5)。

一、运动性游戏

图 13-3 耀耀抓到第四个环了　　图 13-4 耀耀用图画表征他的手从第一个环直接抓到第三个环

我从孩子脸上看到的是满满的自信,他的动作比以前熟练了很多,而且节奏掌握得很好。有一次,我发现他开始将双脚攀在环上,双手抓住环,然后双脚交替往前勾环,使整个身体逐渐向前移动直到最后,他又发明了新的玩法(图 13-6)。

图 13-5 耀耀挑战成功　　图 13-6 钻环

利津户外游戏

耀耀的成功经验分享,引起部分小朋友对吊环的兴趣,他们都争着邀请耀耀当小老师。小女孩晨晨喜欢上了这里,甚至说上了瘾。耀耀成功教出了第一个"学生"。"老师,是我,是我教会她的!"耀耀朝我大声说着,然后转身指挥正在吊环上挑战的晨晨:"手抓紧,身体动起来,换左手,对,再换右手,看前面,对对,就是这样。"晨晨在耀耀的指导下终于坚持到第十个环。晨晨成了我们班第一个能抓到第十个环的小女孩。并且她经过多次摸索,又探索出很多新的玩法,包括钻环、抓环走个来回、倒着走环等等,都玩得很棒(图 13-7、图 13-8)。

图 13-7　晨晨钻环　　图 13-8　晨晨抓环来回走

洞察秋毫

1. 关注幼儿在游戏中的情绪变化,良好的情绪是心理健康的重要标志。耀耀是一个自信、开朗、做事有耐心的孩子。当他第一次挑战吊环未成功出现情绪上的波动时,教师及时与他沟通交流,让他懂得敢于尝试就是成功的开始,从而使他逐渐缓解内心的失落,促使他对下一次的游戏重新鼓起勇气。

一、运动性游戏

2. 幼儿在新材料的游戏中获得攀爬、悬垂向前的技能。耀耀在挑战吊环的过程中不断探索双手抓环悬空交替向前的方法和技巧，他懂得通过跨越的方式能抓到更多的吊环，学会身体前倾的同时，左右手有节奏地交替抓环能坚持更久。同时由开始的双手抓环悬空吊起10秒左右增加到20秒左右，耀耀经过一次次的尝试，增强了上肢力量，延长了悬垂的时间。

3. 重视幼儿在游戏中的学习品质。《3—6岁儿童学习与发展指南》中指出5—6岁是幼儿意志能力发展的关键年龄。大班正处于这一年龄阶段，案例中耀耀小朋友在第一次尝试失败后并没有气馁，而是选择继续挑战，一次不行两次，两次不行三次，他没有因为失败而放弃，没有因为辛苦而放弃，在老师的鼓励下，耀耀最终如愿以偿，挑战成功。这种勇于挑战、迎难而上的意志品质是孩子人生中一笔宝贵的财富。

（张士双）

利津户外游戏

14. 荡绳上的挑战(大班)
——在不断探索与尝试中获得学习与发展

追根溯源

　　幼儿园南攀爬区的高低杠、垒木、爬绳、爬杆、荡绳、吊环、轮胎墙等活动器材深受孩子们喜爱,但由于都是高结构材料,孩子们通常玩一会儿就会换一个地方,但两条荡绳(图14-1)却因为其多变性一直深受孩子们的喜爱。荡绳除了能带给孩子们技巧性的锻炼外,还可以让孩子们不断翻新玩法。他们最喜欢的还是在荡绳前摆放障碍物,然后脚踩考拉(图14-2),荡起荡绳用脚踢倒障碍物,由此获得满足感。

图14-1　两条荡绳　　　　图14-2　考拉

精彩回放

　　户外游戏时间到了,孩子们飞速奔向南攀爬区。到了荡绳旁,书涵跑到储物架里

一、运动性游戏

搬运障碍物(图14-3),负责踢障碍物的珂妍小朋友则站在考拉上拉着荡绳做准备。书涵搬动拱形积木在荡绳前摆了一竖排后,书涵、珂妍脚踩考拉,拉起荡绳往上一跳,借助绳子来回摆动的力量轻松地踢倒了障碍物(图14-4)。她们玩了一会后,书涵说:"我们每次踢倒拱形积木后它们都会重叠在一起,这样我们再次摆的时候特别费力,我们斜着摆就撞不到一块了。"于是,书涵、珂妍再次搬起拱形积木,在荡绳旁斜着一个一个的摆放,摆完后珂妍第一个上去尝试,她踩着考拉,拉起荡绳往上一跳,荡了几次都没有踢倒拱形积木。书涵说:"我来试试。"她试了几次也没有踢倒障碍物。书涵停下来想了一会说:"会不会是拱形积木离着荡绳太远了,我摆近了试一试。"于是,书涵试着将拱形积木往前挪了挪,让珂妍继续挑战。珂妍荡起荡绳用力一踢,前面的几个拱形积木踢倒了,而后面还是有几个拱形积木没有踢倒。这时书涵说:"一定是这几个没倒的离前面的拱形积木太远,我重新摆摆,你再试试。"摆完后珂妍一下就踢倒了所有的障碍物(图14-5)。她们重复玩了几次后,珂妍问书涵:"能帮我把障碍物摆成圆形吗?"书涵说:"我可以试一试。"摆好后(图14-6),书涵问珂妍:"你感觉能踢倒吗?"珂妍说:"这次你先踢吧。"书涵荡起荡绳用脚一踢,所有障碍物哗啦一声全都倒了。直到户外活动结束的音乐响起,她们一直在玩这个游戏。

图14-3 书涵搬运障碍物

图14-4 书涵、珂妍踢倒一竖排障碍物

图 14-5　珂妍尝试踢倒斜排障碍物　　　图 14-6　书涵尝试踢倒排成圆形的障碍物

回到教室进行反思活动时,我将珂妍、书涵小朋友的活动视频分享给孩子们。当让书涵分享她的游戏经验时,她说:"我以前在益智区摆过这样的积木(图 14-7)。"为更好地让孩子们了解这一游戏活动,我还请孩子们回家搜集关于多米诺骨牌的图片。

图 14-7　益智区玩具多米诺骨牌

一、运动性游戏

再次进入南攀爬区之前,我们进行了游戏规划。出示荡绳时,孩子们又有了新的玩法规划(图14-8)。来到荡绳处,因为有了之前的经验准备,他们玩起来似乎轻松得多。不一会儿,她们又开始了新的尝试。只见珂妍搬了一个拱形积木放在荡绳前,又和书涵一起搬了几个放在这个拱形积木后面(图14-9)。她们一次次调整拱形积木之间的距离、拱形积木与荡绳之间的距离。最终,调好距离的书涵对珂妍说:"你上去试一试,看看能踢倒吗?"珂妍说:"你每次都放得很远,我都要使劲踢才可以踢倒它。"书涵说:"我感觉放远点比较好玩。"然后,书涵在一旁笑了起来说:"你不试试,怎么知道行不行,先让我玩一次。"说着,书涵脚踩考拉,拉起荡绳,两脚往前一蹬,障碍物就被踢倒了。"珂妍,我们一起踢吧,只要把腿伸直就一定可以的。"书涵说。有了书涵的鼓励,珂妍拉起荡绳跳上去,伸直腿用力一踢,果然,拱形积木一下就被踢倒了,她们都高兴地笑了起来。

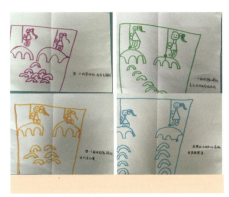

图14-8 新的游戏规划

图14-9 珂妍、书涵踢倒排成多边形的障碍物

洞察秋毫

1. 丰富游戏材料,引发幼儿进行深入的游戏活动。在游戏过程中,孩子们虽然尝试了各种各样解决问题的方法,但是由于游戏材料过于单一,影响了游戏的继续开展。因此,可以多提供一些游戏材料,以便幼儿创设出更加丰富的游戏,提高幼儿的游戏水平。

2. 留给孩子自己尝试与探索的时间,使他们获得更多独自取得成功的机会。上述

利津户外游戏

活动中,书涵、珂妍在多次尝试失败后,教师耐心等待,给了她们更多的探索、调整空间,终于取得成功,这种探索后获得的成功会更有成就感。同时,也进一步激发了孩子们挑战的主动性和积极性。

(谭小燕)

一、运动性游戏

15. 勇过独木桥（大班）
——幼儿心中都有追求成功的动力

追根溯源

　　幼儿通过走独木桥，有效锻炼了他们的平衡能力、协调性，幼儿在挑战的过程中，培养了战胜困难的信心。我班幼儿已经可以熟练通过跪、爬等方式通过独木桥，在此基础上，他们开始挑战站着过独木桥。奕辰在与同伴进行实践时，出现了难以掌握平衡、害怕水等问题，但她在直面问题、认真总结经验、反复探索，解决了这些困难，并获得了成功。

精彩回放

　　户外活动开始了，多数幼儿骑在独木桥上移动（图15-1），慢慢的，他们发现，骑着过独木桥鞋子更容易湿，柯锐说："谁想尝试走过独木桥？"幼儿纷纷摇头，只有婧瑶、奕辰表示愿意尝试。听到孩子的这个想法，我意识到走过独木桥，会存在一定安全隐患，便将孩子组织起来问："如果你们走着过桥的途中，站不稳怎么办？"奕辰说："我如果站不稳就会先跳下来。"婧瑶说："我如果站不稳就会蹲下，再骑着过去。"思锐说："我们可以拿一根长木棍，如果不稳可以抓住木棍。"孩子们纷纷献策，最终决定手里拿着木棍，一方面可以掌握平衡，另一方面也可以避免危险。柯锐首先挑战，他双手握住木棍，脚一步一步向前走着，不一会便走到了终点（图15-2）。婧瑶和奕辰看到后，便开始挑战，但是上去数次，均无法掌握平衡。十分钟过去了，赫璇被她们吸引，也进行了挑战，尝试多次均以失败告终，我明显看到了他们脸上写满了失望。

利津户外游戏

图 15-1 幼儿骑着过独木桥

图 15-2 柯锐尝试站立过独木桥

含月也被吸引过来,她鼓足勇气,站了上去,走了几步,觉得自己无法掌握平衡,便跳了下来,奕辰又尝试了一下,也以失败告终!这时,含月说:"柯锐成功了,是因为他紧握木棍保持平衡,而且脚是一步一步向前挪动的!"奕辰说:"赫璇也是这样走的,却没有成功!"她们两人争执不休!含月坚持着柯锐的走法,奕辰坚持她自己的方法!在他们坚持不懈的尝试下,含月成功地走过了独木桥!奕辰看着含月慢慢走向成功的过程中,她出现了动摇,她一会儿双脚并排向前走,一会儿双脚交替向前走,但都没有成功。活动临近尾声,奕辰终于通过双脚交替的方法走过了独木桥,她激动的欢呼:"我成功了!"兴奋之情,溢于言表!

回到教室,我请幼儿们各抒己见,分享自己的游戏体验。奕辰说:"我本来不敢走着过独木桥,但是我看到几个小朋友成功走过,我觉得自己也可以,最后我也成功的走过了独木桥。"我问她:"那你是用什么方法走过去的呢?"她非常自豪地说:"我用双脚交替的方式过去的,这个方式最适合我。"边说边展示起来,脸上洋溢着成功后的喜悦。

洞察秋毫

1. 敢于放手让幼儿进行水上过独木桥的挑战,使其身体、心理等各方面得到良好发展。在奕辰走独木桥的过程中,我一直在关注,但并未过多干预,我也为她捏着一把汗,看她一次次调整姿势,一次次失败跳下,我曾想"冲上去""帮助"和"指导"她,也想

一、运动性游戏

去劝她放弃,但出于对她综合素质的考量,我最终选择相信她。

2. 培养幼儿自我效能感,增强其战胜困难的信心。奕辰害怕水,走过独木桥不止是对她身体上的一个挑战,也是对她心理的挑战,在她一次次"再来一次"的过程中,我看到了一个大班幼儿的坚持和遇到问题时的尝试和探索。

3. 安全教育从"回避"向"体验"的华丽转身。安全教育是幼儿园教育的重中之重,但是,怎样有效开展安全教育,是所有教育工作者都要面对的一个重要问题。塑料滑梯、大型塑料玩具,幼儿在上面玩耍,安全问题几乎可以忽略不计,但这样的运动器械能让幼儿获得多大的发展让人怀疑,我们要努力改变"回避型"的安全教育策略,强调幼儿的亲身体验,在体验中接受更多的挑战。

4. 及时组织幼儿梳理怎样过独木桥的零散经验,与同伴分享,共同提升。通过孩子们的谈话,不难发现孩子们已经开始懂得观察、分析同伴成功走过独木桥的动作要领,并进行模仿和学习,结合自身情况,取长补短,内化为适合自己的方式,并用于实践中,从而取得成功。

5. 教师要关注幼儿差异,确保游戏中幼儿的安全。奕辰、柯锐是属于各项能力发展较为突出的幼儿,因此在尝试站立过独木桥时,我采取了支持的态度,而赫璇和婧瑶属于平衡能力相对较弱的幼儿,对他们的尝试我则以鼓励为主。

(崔海霞)

二、表现性游戏

二、表现性游戏

16. 我的家（小班）
——多变的低结构材料给予孩子更多发展空间

追根溯源

小班下学期的幼儿，群体意识不断发展，愿意和小朋友一起游戏；他们能根据自己的兴趣选择材料，并能将自己的生活经验迁移到游戏中来。原本垫子在游戏中只是作为一种保护安全的工具，可我们发现在游戏中，许多幼儿喜欢玩垫子，于是我们就顺应幼儿兴趣，将垫子作为一种活动材料，放手让孩子们去玩。孩子们又会和垫子发生怎样有趣的互动呢？

精彩回放

浩浩和甜甜拖着体操垫走在场地上，东看看西瞧瞧，终于选好了一片比较宽敞的地方。他们把几块折叠体操垫平展开立在地上，并用它们围成了一个圈。浩浩高兴地说："我们的家建好了。"话音未落，他一个转身不小心把一块垫子碰倒了，就在他想把碰倒的垫子立起来的时候，一撅屁股又碰倒了好几块（图16-1）。甜甜有点不高兴了："你快都扶起来啊，我们的家都没了！"浩浩把躺在地上的垫子一块一块小心翼翼地立了起来，但糟糕的是，立了又倒。他只好反反复复地去立垫子，一遍又一遍地调整垫子的角度，经过了很多次的尝试，终于把所有的垫子完美地立了起来（图16-2）。

浩浩和甜甜在搭好的"家"里玩起了过家家的游戏，浩浩当"爸爸"，甜甜当"妈妈"，他们坐在垫子上，假装在"看电视"。这时，他们的"家"门开了，原来是阳阳小朋友进来了（图16-3）。

"喵！我是一只小猫！"阳阳小朋友说，"我要住在哪儿呢？"

图 16-1　浩浩反复尝试把垫子立起来　　图 16-2　浩浩终于搭好了"家"

"那让我看看你能住在哪儿。"浩浩说着,拉起甜甜一起给"小猫"做了个"家"。只见他又去搬来了一块折叠体操垫,然后把它搭在立好的垫子上面,一个小巧的"猫窝"就搭好了(图 16-4)。

图 16-3　阳阳进了浩浩和甜甜的"家"　　图 16-4　浩浩给"小猫"阳阳搭的窝

"小猫,小猫,快来看看你的家吧!""小猫"阳阳小朋友见自己有了新家,十分高兴地爬到自己的"小窝"里去了(图 16-5)。浩浩又拿来了一块体操垫,轻轻地盖在阳阳的身上,嘴里还嘟哝着:"小猫,我给你盖上被子,你就不冷了,快睡觉吧!"(图 16-6)

他们三个在垫子搭成的"家"里玩了好一会儿,我听见浩浩说:"我们去看电影吧,今天有《小猪佩奇》!"说完假装拿起"遥控器",冲着他们面前的垫子摁了几下,"快看,

二、表现性游戏

图 16-5 "小猫"阳阳开心地钻进了小窝　　　图 16-6 浩浩给"小猫"阳阳盖被子

都开始演了!"(图 16-7)他转过头,看见我在看他,就主动邀请我:"老师,你想看电影么?"

"让我想想啊,我可以进去么?"

"快进来吧,我们这里有很多好看的电影。"说完,他小心翼翼地挪动一块立好的垫子,"这是门,从这儿进,小心点啊,别碰倒了。"

我小心地走进他们的"家",坐在垫子上跟他们一起看电影。看了一会儿,我问浩浩:"现在放的什么电影啊?"

"《小猪佩奇》!"

"我不喜欢看《小猪佩奇》,怎么办呢?"我假装不开心地说。

浩浩反应特别快,马上说:"那我再给你换一个别的电影!"

由于我的加入,吸引了很多小朋友来围观。欣欣也想来看电影,她请求道:"我能进来么?"(图 16-8)

"不行,你得刷卡,刷卡才能进呢!"甜甜说道。

欣欣伸出小手,在"门"那里假装刷了一下卡,说:"我刷卡了,现在能进了吧?"

还有很多小朋友在排队等待刷卡看电影。

不知不觉中,我们的户外区域活动接近尾声了,孩子们收好体操垫,准备回去分享他们精彩的游戏故事。

利津户外游戏

图 16-7　浩浩和甜甜在"看电影"

图 16-8　欣欣也想进来"看电影"

洞察秋毫

1. 丰富幼儿生活经验，助推游戏情节发展。游戏中，幼儿看电视、看电影、刷卡等，把生活中的经验有效迁移到了游戏中，可以看出，小班下学期幼儿的游戏水平在不断提高，游戏情节也在不断丰富。教师可提醒幼儿观察周围生活，丰富幼儿关于家和电影院相关的知识经验，教师也可以适时加入到幼儿的游戏中，以玩伴的身份启发幼儿将已有知识经验运用到角色扮演中，助推游戏情节的进一步发展。

2. 鼓励幼儿在游戏中发现问题并解决问题。幼儿在游戏的过程中，反复探究如何利用垫子搭建房子，解决了如何让垫子立起来的问题，他们反复尝试，将垫子调整好相应的角度就可以立住了，他们还知道将垫子都展开是立不住的。孩子们在反复探究中获得了相应的知识经验，体验到成功的喜悦，进一步提高了幼儿解决问题的能力。

（崔　静）

二、表现性游戏

17. 藤椅变身记（小班）
——创造性使用材料让游戏更深入

追根溯源

小班幼儿的游戏大多零散，依材料而进行。自主游戏时间艺艺和欣欣对藤椅产生了兴趣，她们把藤椅一歪，艺艺坐了进去（图17-1），藤椅的弧度，使艺艺慢慢地滑到了中间。有了在娃娃家的游戏经验，欣欣和雯雯不约而同地唱起了在娃娃家游戏时唱的儿歌。她们美妙的歌声吸引了更多的小朋友。

图 17-1　艺艺坐进藤椅

利津户外游戏

精彩回放

　　源博和骏骏等小朋友被她们的欢笑声吸引了过来,他们一边摇晃坐在里面的欣欣和雯雯,一边开心地唱:"睡吧,睡吧,我亲爱的宝贝……"(图17-2)。欣欣和雯雯对外面摇晃的源博和骏骏等小朋友说:"再快一点!"越摇越快的节奏让她们兴奋地尖叫起来。外面源博和骏骏一猛用力,欣欣和雯雯滑到了藤椅边缘,不等欣欣和雯雯重新坐回藤椅中间,外面的源博等几个小朋友齐心协力把藤椅翻了过来,变成了"笼子",被扣在里面的欣欣和雯雯变成了他们捕捉到的"猎物",外面的小朋友则变成了猎人。源博怕"猎物"跑出,爬到了笼子上面压住(图17-3)。骏骏见状,忙跑到旁边的花池里搜寻一番,一会儿拿着一根小树枝当作钥匙来解救欣欣和雯雯。当"猎物"说要出来时,他们一起喊着"开开开",齐心协力把藤椅打开(图17-4),放里面的小朋友出来,当有新的"猎物"要求进去时,他们又一起喊着"关关关",重新把笼子关上。

图17-2　藤椅变摇篮　　　图17-3　藤椅变笼子捕捉"猎物"

二、表现性游戏

图 17-4 骏骏把树枝当作
钥匙来解救"猎物"

当骏骏被扣在下面时,天佑拾来了树叶当作柴草,拿着短短的小树枝当作火柴说:"点火,点火。"源博急忙制止:"不行,不行,骏骏是我的好朋友,不能点火。"听见天佑说要点火,骏骏着急地对源博说:"快去找小伙伴来救我。"源博急忙跑了去求援,不一会儿他带来了四五个小朋友,大家一起合力打开笼子,救出了骏骏。过了一会,其他小朋友陆续离开去玩别的游戏了,源博望着空空的藤椅,他把一个大圆球,滚到了藤椅下面,当作"猎物"(图 17-5),并趴在上面假装压住"猎物"。他的这一举动引起了小"长城"上的萱萱的兴趣,萱萱跑过来问:"你在干什么?"源博指着藤椅下面的大圆球说:"看,我刚刚捕了一个大'猎物',它的劲可大了,我怕它跑出来,你快和我一起压住它。"萱萱听了指着玩具架说:"我们把它运回'家'关起来,它就跑不了了。"萱萱的提议立即吸引了在一旁玩耍的博洋等几个小朋友,他们有的推、有的拉,把"猎物"送回了"家"。送回"猎物"后,看着空空的藤椅,源博主动蹲在里面当猎物,跟萱萱他们继续玩起了"搬运猎物"的游戏。"搬运猎物"时需要他和外面的小朋友相互配合,当外面的幼儿拖动藤椅时,他就蹲着移动。骏骏想把藤椅搬到小长城,萱萱等小女孩则想把藤椅重新搬回到轮胎墙后面,两人争执不下,游戏陷入了僵局。萱萱向一旁一直在录像观察他们游戏的我,投来了请求的目光,我走过去对萱萱说:"你还记得我们讲过的《好朋友》的故事吗?"萱萱走到骏骏身边对他说:"我有个好主意,我们轮着搬吧,我们先搬到轮胎墙后面,再搬到小长城怎么样?"通过一段时间的交涉,萱萱终于说服了骏骏,大家继续开心游戏(图17-6)。

图17-5　源博把大圆球当作猎物关进笼子

图17-6　游戏搬运猎物

洞察秋毫

1. 提供丰富的游戏材料,满足幼儿游戏需要。幼儿根据自己的兴趣不断变化游戏情景,很自然地把在室内玩娃娃家中的游戏经验迁移到了藤椅游戏中,藤椅变成"摇篮""笼子",幼儿不断变化角色"宝宝""猎人""猎物"来配合游戏的发展,角色在幼儿的互动中,自然而然地生发。《指南》指出,幼儿的学习就是幼儿通过自己特有的方式与周围环境互动的过程。丰富的游戏材料可以引发幼儿的想象与创造,有利于自主游戏情节的产生,游戏中小小的树枝被孩子们当作柴草、当作钥匙,幼儿以物代物的能力得

二、表现性游戏

到了发展。教师应为幼儿积极提供一些能操作、多变化、多功能的材料,促进幼儿的自主发展。在后续的游戏中,可以根据幼儿的需要丰富游戏材料,给幼儿提供矿泉水瓶、吸管、小树枝、电话、废旧纸箱、布娃娃等,让幼儿在与材料的碰撞中,激发出更多灵感,使游戏逐步深入。

2. 教师要关注幼儿游戏,做幼儿游戏的忠实粉丝。幼儿的游戏需要被关注欣赏。在游戏过程中,教师通过录像、拍照的方式持续关注幼儿的游戏,潜移默化中让幼儿感受到教师对游戏的关注,激发了幼儿的游戏热情。随着活动的深入,骏骏等小朋友游戏的目的性在逐渐增强,他们丰富的想象力和各自生活经验的不断填充让游戏情节更加丰富,源博积极求援营救骏骏让我们感受到他对小伙伴的关心。

3. 了解幼儿的年龄特点,引导幼儿通过沟通解决问题。由于小班幼儿以具体形象思维为主,幼儿的游戏大多是依材料进行,游戏中缺乏交往的能力。案例中,萱萱和骏骏发生游戏纠纷时,萱萱在老师的引导下能把听过的故事中的经验,迁移到游戏中,打破了游戏的僵局,继续开心游戏。

(张娟娟)

利津户外游戏

18. 攀爬区的叫卖声（小班）
——教师适时介入推动游戏发展

追根溯源

小班的孩子们经常选择攀爬区的轮胎攀爬架（图 18-1、图 18-2）玩耍，他们已经可以灵活地爬上爬下。而路边"卖小吃的商人"的吆喝声"热玉米！好吃的热玉米！"吸引着孩子们，于是各种各样的叫卖声在这里诞生了。

图 18-1　固定的轮胎攀爬架

图 18-2　链条连接及固定轮胎的攀爬架

精彩回放

户外区域活动时间，孩子们四散在攀爬区的各个角落，攀爬运动之余，孩子们在这

二、表现性游戏

里玩起了过家家。只听轮胎攀爬架那里"叫卖声"不断,然而除了叫卖的店主,并没有顾客光顾,也没有所谓的"商品"。几个孩子站在不同高度的轮胎攀爬架上大声叫卖:"卖冰激凌喽!卖冰激凌喽!"站在最底层的易非小朋友却不吭声,直到他的眼睛扫描到了我,便抬起头问:"老师,你想吃点什么?"我问:"你店里有什么呀?"他的脸上有了笑容,说:"我有水煮鸡蛋!""多少钱一个?"他眨了眨眼睛,说:"两块钱!""好,给你两块钱。"我递给他两片树叶。他迫不及待地接过钱,转身在头上方的轮胎上装作拿了什么,然后把手伸向我,高兴地说:"给!你还想吃什么?""你家有茶叶蛋吗?"他答道:"有!""茶叶蛋多少钱一个?"他想了想回答:"一块钱一个!""那我要两个吧。"只见他快速转身,把手伸过刚刚取"水煮蛋"的轮胎,停在深棕色的架子上装作拿了什么,转身交给我。

这个时候,绍洁走过来:"我想吃西瓜味的冰激凌,你有吗?"吴泽小朋友慢吞吞地说:"我这里没……没……"没等他说完,易非猛然转身说:"有!"说完开始往上爬,终于站在了黄色轮胎上,努力把手伸向红色轮胎,但依然差一点儿,他又尝试着调整了一下站姿——踮起脚尖,一手扶着蓝色轮胎,一手伸向红色轮胎,象征性地碰了一下,然后假装递给了绍洁,成功完成了交易(图18-3)。

图18-3　易非在努力朝着红色轮胎拿东西

接着,我借口给朋友捎带冰激凌,问:"冰激凌有新口味吗?"易非不假思索地说:"有!"他抬起头找了找说:"有奶油味的!"我提出要求:"朋友不想吃纯奶油的,能加点儿蓝莓吗?"他转过身,先后从白色轮胎和蓝色轮胎分别拿了什么并交给我说:"好了!"我问:"多少钱啊?"他眼珠一转说:"5块钱!"我把5片树叶交给他并提醒他确认好钱数。他一只手接过树叶,另一只手拿出一片树叶开始数起来:"1,2,3,4,4块……"他刚想对我说些什么又注意到另一只手里的那片树叶,便又接着数:"5,对!"(图18-4)

不知什么时候,绍洁爬上一个高高的轮胎攀爬架,卖力地大喊:"卖冰激凌喽!卖冰激凌喽!"我转身走去问:"你有什么味的冰激凌?"他得意地低下头望着我说:"有奶

77

图18-4 易非在数树叶

图18-5 绍洁从蓝色轮胎爬向黄色轮胎

图18-6 绍洁指着上面的红色轮胎

油、香蕉、苹果……很多口味!""那我要混合口味的,要蓝莓和香蕉味的,可以吗?"他小心翼翼地从最高处的蓝色轮胎往下爬,停在绿色轮胎处,把手伸向黄色轮胎假装拿了什么,"给!两种口味两块钱!"我给他两片树叶完成了交易(图18-5)。

我发现攀登架上有两个红色轮胎,便问:"有草莓味的冰激凌吗?"他干脆地回答:"有啊!"说着就爬向红色轮胎。"我还想要个西瓜味的冰激凌,有吗?"他抬起头,指着上面:"也有啊,这个就是西瓜味的!"(图18-6)我欣慰地说:"好的,各来一个!"只见他站在白色轮胎上,把手分别伸向两个红色轮胎,装作各拿一个的样子交给我:"给!"

二、表现性游戏

洞察秋毫

1. 教师适时介入,在幼儿"买卖"游戏中扮演"顾客"这一角色。教师以"顾客"的角色参与游戏,既满足了其角色需求又推进了"买卖"游戏的情节;"卖家"主动爬上爬下为"顾客"准备"商品",出现了"以颜色替代商品"的象征思维;同时锻炼了孩子们的攀爬能力,促进了动作的协调和灵敏。由于小班幼儿对食物很感兴趣,"买卖"的物品大多是自己喜欢吃或经常吃的东西,可以创设一定情境鼓励幼儿去买自己喜欢的商品,支持幼儿充当各种角色,解决游戏中因缺少"买家"而影响游戏的现象。

2. 适当调整"钱"这一材料,支持幼儿延伸"买卖"游戏的开展。教师"以树叶替代钱",让交易情节更加丰富,让抽象的数学概念变得形象、直观,"买卖"的过程锻炼了幼儿的点数与计数能力。考虑到树叶受季节限制,可以鼓励幼儿自行制作;也可鼓励幼儿主动寻找和发现其他材料进行替代,如石子、雪花积木等。这样既保证游戏不受季节限制,又有益于游戏的延伸开展,丰富幼儿的探索,积累更多的科学探究经验。

3. 分享同伴间的"买卖"经验,助推幼儿在游戏中的学习和发展。游戏中,为了满足"顾客"的不同要求,出现了"一种颜色的替代"和"两种或多种颜色的替代"以及买卖双方对商品口味、价格等的交流沟通,都值得与同伴分享,从而丰富游戏内容。也可以请家长配合带幼儿去超市体验自主购买,获得更多的社会经验,从而引发更丰富的游戏内容,推动游戏情节的发展,提高游戏能力。

(寇　娟)

利津户外游戏

19. 小斑马饿了（小班）
——关注幼儿兴趣，支持幼儿游戏

追根溯源

儿童是自然之子，喜欢玩水玩土是孩子的天性。幼儿园西侧的沙土区环境优美、空间广阔、地势平坦，非常适合孩子们在这里自由嬉戏、动手创造，尤其是两只栩栩如生的小斑马，深受孩子们的喜爱。孩子们在这里与大自然亲密接触，用不同的材料做蛋糕、面包等甜品。新增的几个洗手盆也成了他们调制饮料的好工具。他们在这里开起了甜品店，一起制作、一起分享，玩得不亦乐乎。

精彩回放

图 19-1 浩逸喂小斑马

户外区域活动开始了，沙土区的孩子们正在忙碌地做着蛋糕、面包和各种饮品。这时，我发现浩逸小朋友端着一桶"巧克力奶茶"走向了小斑马。"小斑马，你饿了吗？喝点'奶茶'吧。"刚开始他是直接把桶放到小斑马的嘴上，接着又往小斑马嘴里倒，然后还用桶沿抹了抹小马的嘴（图 19-1）。雨嘉看到后，也端着"牛奶"和"蛋糕"来喂小斑马，你一勺、我一口，两人玩得非常开心（图 19-2）。这时，端着一勺"芝麻糊"的宇航走向小斑马并大声嚷嚷起来："别再喂他了，他吃得太多了，快喝点芝麻糊冲冲吧！"说完，他就将一勺芝麻糊直接倒在了小斑马的嘴上，并反复

二、表现性游戏

用勺沿往小斑马嘴里送(图 19-3)。再次取食物回来的浩逸看到宇航粗鲁地喂小斑马的行为并没有生气,而是耐心地端着小桶等小斑马吃完芝麻糊后,轻轻地问浩逸:"我可以给他喝点奶茶吗?""当然可以,我们一起喂小斑马吧。"

图 19-2 浩逸和同伴一起喂小斑马　　图 19-3 宇航用勺喂斑马

这时,在一旁经过的马达看到小斑马说:"嘴巴太脏了,该给他洗洗澡。"宇航听到后,再次喂小斑马时变得认真、细心起来。马达说:"你看你把小斑马弄得那么脏,他妈妈会生气的,快给他擦擦嘴吧。"(图19-4)

"对,小斑马的嘴巴太脏了,快给他擦擦吧。"这时我也及时引导孩子:"对呀,有什么办法能把小斑马的脸擦干净啊?"只见宇航、浩逸先是用勺子在不停地铲,大顺子捡来树叶擦,但是由于土湿的缘故,越擦越脏。宇航便铲起了旁边的湿土往上抹,可还是没有弄干净(图19-5)。这时,马达铲来了一些干土往上抹起来,当湿湿的"芝麻糊"遇上干土,再经过他们的大铲子一铲,似乎干净了不少。马达干得更起劲了,一边抹一

图 19-4 马达提出要为斑马洗澡

边说:"这么脏,得用我这'超级沐浴液'。"几个孩子也跟着干了起来,开心地唱起了"洗呀洗呀洗澡澡",小斑马的脸上、身上到处都抹上了"超级沐浴液"。颖昊和大顺子捡来了大大的树叶认真擦拭着,边擦边说:"老师,你看我们的大手帕也很厉害吧。"在他们的共同努力下,小斑马着实干净了不少(图19-6)。活动结束的音乐响起,孩子们恋恋不舍地与小斑马告别,在回活动室的路上,宇航说:"老师,我们回班里拿些干净的毛巾,把小斑马的脸擦干净吧。我每次吃完饭,我妈妈都是用湿毛巾给我擦脸的。""对,还可以用湿毛巾。""好,明天我们拿些毛巾来吧。"孩子们恋恋不舍地离开了这里。

图19-5 顺子用树叶给小斑马擦嘴巴

图19-6 马达给小斑马涂沐浴液

洞察秋毫

1. 教师适时介入,丰富游戏内容,拓展游戏情节。游戏之初,宇航和浩逸等幼儿只是重复性地喂小斑马吃东西,而当一旁经过的马达小朋友提出"嘴巴太脏了,妈妈都不高兴了"时,孩子们并没有积极回应,在他不断重复的提示下,幼儿停下了手里的工作无所事事起来,导致游戏无法继续下去。这时,教师适时介入,"小斑马嘴巴脏了怎么办?我们怎么帮他洗干净呢?"教师引导幼儿回忆已有生活经验,并将经验迁移到游戏

二、表现性游戏

中,创生出新的游戏情节。

2. 结合游戏情景,引导幼儿寻找低结构材料,提高幼儿以物代物的能力。游戏中,幼儿选择沙土当作巧克力、红糖、珍珠、芝麻,用树枝做搅拌棒制作奶茶、蛋糕等,用树叶做纸巾、手帕,用沙土做沐浴液,反复尝试用干湿不同的材料帮小斑马洗澡,发展了幼儿以物代物的能力和爱探究的学习品质。接下来的游戏中,教师要及时关注幼儿,根据游戏情节的深入开展,引导幼儿寻找一些木块、纱巾、毛巾、塑料袋等低结构材料,满足幼儿游戏的需要。

(尚　婷)

利津户外游戏

20. 制作"蛋糕"乐趣多（小班）
——在尝试中提高解决问题的能力

追根溯源

爱玩是孩子的天性，沙子可塑性强的特点为小班幼儿所喜爱，孩子们可以随自己的想法探索与表现。沙池区，孩子们纷纷选择形状各异的模具开始制作自己的"小蛋糕"。子旭说"我要做海盗船蛋糕"，蕴琪说"我准备做桃子蛋糕"，浩浩说"我想做汽车蛋糕"……但是在做的过程中，沙子不能成型，于是孩子们采用了加水、用脚踩等方法为自己心仪的蛋糕造型忙碌着，他们还找来了树叶、树枝等材料进行装饰，尝试做各种各样的蛋糕。

精彩回放

浩浩正在忙着用小桶做"蛋糕"，只见他把沙子装到小桶里面直接倒扣过来，小桶一拿开，"哗啦"，沙子散开啦。他生气地说："老师，'蛋糕'总是做不出圆形！"尽管失败了，这种与众不同的做蛋糕方法还是吸引了其他小伙伴来尝试。本来信心十足的高尚一番尝试后也挠挠头说："我的'蛋糕'也不行呢！"他们一遍又一遍地尝试。这时我拿起一只小桶说："我来试试看能不能做出圆圆的'蛋糕'。"我用小桶提了点水撒到沙子上后才开始装桶，然后用脚踩一踩，最后快速把桶翻过来。孩子们目不转睛地看着，我小心翼翼地拿开小桶，一个完整的蛋糕造型就出来了。孩子们兴奋地为我鼓起掌。孩子也学着我提来了水湿润沙子，然后制作"蛋糕"。可是，一会儿浩浩又跑过来说："老师，我的'蛋糕'出不来呢！"怎么回事？通过观察我发现原来沙子里加的水太多，所以沙子粘在小桶里，出不来。这边刚解决，那边高尚也说："为啥我的也不行呢？"他刚演示完，还没等我说话，浩浩就抢着说："你没踩一踩。"听到这话，高尚赶

二、表现性游戏

紧将小桶里堆出尖的沙子踩平、踩实,这次做出来的"蛋糕"就好很多了(图20-1、图20-2)。

图20-1 幼儿用模具做"蛋糕"

图20-2 浩浩做的"蛋糕"散开了

我们请家长带领孩子参观了蛋糕房,观察各种形状、花纹、口味的蛋糕,激起了孩子们对蛋糕的再创作欲望。有了对蛋糕的更多认识,孩子们制作的蛋糕也变得不一样了!(图20-3、图20-4)

图20-3 幼儿参观蛋糕房

图20-4 幼儿体验做蛋糕

利津户外游戏

　　这次浩浩做好"蛋糕"后,又捡拾了几片落叶小心翼翼地摆放在"蛋糕"上。他看了看,又皱了皱眉头跑开了,一会儿拿着几根小树枝回来,插在"蛋糕"上(图20-5)。我见状问道:"这是什么?"浩浩说:"这是生日蜡烛啊!"一旁的高尚说:"我的还是长满草的'蛋糕'呢!"原来他拔了小草装饰自己的蛋糕。我说:"你的'蛋糕'挺漂亮,但是小草是大地的头发,你拔他的头发他疼不疼啊?"高尚摸摸自己的脑袋说:"老师,我是看到蛋糕房里有小草蛋糕,以后不拔草了。"我摸摸高尚的头说:"想想什么可以做成小草的样子?"悦悦说:"把树叶撕得小一点就能当小草啊。"就这样,树叶被加工成了草、巧克力豆、薯片等,地上的小石头、掉下来的树皮都成了"蛋糕"上漂亮的装饰(图20-6、图20-7)。看到孩子们做出的一个个漂亮的"蛋糕",我竖起大拇指说:"你们的'蛋糕'真漂亮!"这时孩子们对着自己的"蛋糕"一起唱起了生日歌(图20-8)。

图 20-5　小草"蛋糕"

图 20-6　树叶做巧克力豆

二、表现性游戏

图20-7　小兔"蛋糕"

图20-8　幼儿一起唱生日歌

洞察秋毫

1. 适时适宜介入，有效推进游戏进展。小班孩子生活经验还不够丰富，遇到问题需要老师引导解决，如当教师发现孩子因做蛋糕失败而踌躇时，教师及时以游戏者的身份参与游戏，顺应孩子的游戏需要扮演了一个蛋糕师，制作出了一个成功的蛋糕，并通过亲身制作引导幼儿观察制作方法的不同，让孩子自己找出差距如：沙子的湿度、装桶后需要踩一踩、倒扣小桶动作要迅速等等，引起孩子的思考，激发孩子继续尝试的积极性，从而帮孩子丰富对沙子的认知经验，推动游戏的发展。

2. 提供辅助性材料，提高以物代物的能力和水平。材料可以引发幼儿的游戏与发展，在游戏中，幼儿充分利用身边的自然物替代蛋糕上漂亮的装饰品，如树叶被撕成长条变成草，被撕成圆形变成了巧克力豆等。可以看出，小班幼儿能够寻找相似的替代物进行以物代物，游戏水平在不断提高。我们要为小班幼儿多投放一些游戏性、情境性、趣味性较强的辅助性材料，从而使某些材料成为孩子们的替代物，并在此基础上有新的发展和创造。

3. 孩子们能将参观蛋糕店和体验做蛋糕的经验,迁移到游戏中,并发挥想象力做出构造不同的蛋糕。幼儿在做蛋糕时反复尝试,提高了幼儿的动手操作能力,培养了幼儿做事的坚持性和勇于探索的意志。

(李艳梅)

二、表现性游戏

21. 好玩的"童乐巴士"（小班）
——在自主游戏中学会协商与合作

追根溯源

交通区新增添了自制纯净水桶车，样式新颖，设计独特，既可以单人玩，也可以供多人合作玩，其中多人"童乐巴士"（图21-1），引起了孩子们的兴趣。"童乐巴士"是由多个纯净水桶串联而成，需要幼儿齐心协力蹬车，车才能开得又快又稳。在蹬车过程中幼儿的腿部力量得到锻炼，合作能力也得到了提升。幼儿喜欢乘车游戏，并在游戏中积累了一定的乘车经验，知道上车要投币，车辆行驶中要扶好坐好。幼儿在乘车的过程中遵守乘车规则，不断探究乘车游戏。

图21-1 童乐巴士

精彩回放

走进交通区，孩子们争先恐后地跑向新增添的纯净水桶车，小米抢先坐上了"童

利津户外游戏

乐巴士"司机的位置,这时其他小朋友也抢着上车。瑞涵刚坐上一个座位,小可也挤了上去,瑞涵说:"我先上来的,你下去。"小可不甘示弱地说:"是我先上来的。"只见两人死死地抓住扶手,互不相让,陷入了僵局。"老师,小可抢我的座位。"瑞涵向老师求助。我走到他们旁边问:"我知道你们两个都想坐'童乐巴士',可只剩一个座位了,怎么办呢?"瑞涵咬着嘴唇不说话,小可想了想,把头转向瑞涵说:"我们一人坐一会儿吧。"瑞涵不情愿地说:"好吧。"小可接着说:"你先坐,我在下面推着你们,待会儿我再坐行吗?"听到小可的提议,瑞涵开心地答应了,小可把位置让给瑞涵,然后去推车了(图21-2)。

司机和乘客都坐好了,可不管他们怎么蹬,车都动不了。小米着急地喊:"你们使劲蹬呀。"可是车还是无法前进,马达说:"车卡着啦,我们都下来把车从停车场推到公路上才行。"小米听从了马达的建议,下了车,加入推车行列,但是其他小朋友却仍旧坐在车上,车还是出不来,小米说:"你们都下来推才行。"瑞涵、子航虽然不情愿,但也听从了小米的建议,从车上下来一起推车,把车推到公路上,大家迫不及待地又坐上去,使劲地蹬桶,巴士动起来了。小米坐在前面当起了小司机,高兴地说:"坐稳了,我们的巴士开动了"(图21-3)。车上的孩子们齐心协力一起蹬,小可则在后面使劲地推着车,不一会儿车就开到了终点,瑞涵非常痛快地从车上下来,说:"你来坐,我来推。"

图21-2 小可让座

图21-3 巴士开动

可是,纯净水桶"童乐巴士"不像普通的娃娃车一样能灵活地转弯,它只能按一个方向前进或后退。小米下来,使劲地拽车,想把车调过头来,可她的力气太小了,车纹丝不动,小可也下来和小米一起向外拽车,车还是不动。有了前面推车出停车场的经

二、表现性游戏

验,小米喊起来:"快下车,快下车,我们一起转弯。"小可和小米在前面拉,瑞涵和其他小朋友在后面推,车终于调过头来(图21-4)。但车头有点倾斜。小朋友们迫不及待地上了车,可不一会儿车跑向了路的另一边,小米又喊起来:"都下来,都下来,车头调正才行,要不又歪了。"这次大家非常配合,一起下车把车扶正,愉快地玩起了游戏。

过了一段时间,孩子们对"童乐巴士"的热情有所减退,有几个小朋友主动离开,看着越来越少的幼儿,我提议说"我们去旅游吧",这一提议引起大家热烈的响应。"到哪儿去?"瑞涵急切地问道。"去北京。"乔洋也加入了讨论。"去动物园。"瑞涵说。"那我们先去动物园,怎么样?"我提议。大家异口同声地说:"好!"旅游巴士开动了,大家兴奋异常。瑞涵蹬累了,把脚抬起来,站座位上,手扶着栏杆(图21-5)。子航也学着瑞涵的样子,乔洋大声喊起来:"要扶好坐好,这样才安全。"瑞涵和子航像没有听见一样,还很开心地大笑起来,乔洋喊了好几遍,扶好了。可是,他们俩都没有听,于是又大喊:"停,你们不听,我们不去旅游了,我妈妈说了坐好了才不会碰着头。"瑞涵和子航终于老老实实地坐了回来,旅游巴士又开始出发了。

图21-4 一起调头　　　　图21-5 瑞涵站到座位上

洞察秋毫

1. 结合具体情境,引导幼儿合理解决矛盾冲突,帮助幼儿获得一些基本的交往策略。在案例中,当瑞涵和小可抢一个座位时,教师及时抛出问题:"我知道你们两个都

利津户外游戏

想坐'童乐巴士',可只剩一个座位了,怎么办呢?"把解决问题的机会留给孩子自己。小可主动想办法把乘车的机会让给了瑞涵,并提出轮流坐的想法,说明她的思维灵活性有所增强,并掌握了一些基本的交往策略。

2. 教师以游戏者的身份参与游戏,推动游戏发展。当孩子们对"童乐巴士"的热情有所减退时,教师以游戏者的身份向孩子们发出提议:"我们去旅游吧",得到孩子们的积极响应,推动了游戏的发展。

3. 在游戏中,进一步丰富幼儿的乘车经验,引导幼儿遵守游戏规则。洋洋一直在提醒其他幼儿车上不能乱动,要坐到座位上,这样才安全,说明洋洋已经有了一定的乘车经验。洋洋把这些经验迁移到游戏当中,带动了其他幼儿共同遵守乘车规则,在分享交流环节进一步丰富幼儿的乘车知识,引起幼儿对乘车游戏探究的兴趣。

(赵小荣)

二、表现性游戏

22. 小"坦克" 大威力（小班）
——鼓励幼儿独立解决问题

追根溯源

PVC管建构区的材料深受小班幼儿喜爱。孩子们可以用粗细相同的PVC管搭建出圆圆的"游泳池"、高高的"楼房"，可以用粗细长短不同的管子搭建装满货物的"超市"，运用围合、垒高等技巧搭建创造（图22-1）。最近正在进行"马路上的车"主题活动，孩子们对搭建各种各样的"车"情有独钟。经过几次搭建，孩子们能用两个或四个PVC管当轮子，上面放一个同样的管子做"车"身，让"汽车"开动起来。经过多次的建构游戏，孩子们的技能有所提高，简单的围封、垒高已经不能满足他们的建构需求。因此，今天我们新增了形状多样的PVC管和几种不同形状的木块。

图22-1 PVC管

精彩回放

泽泽先选了一些粗短的 PVC 管,左胳膊上套了三个,右胳膊上套了三个,手中拿的是一根又细又长的管子,管子的一头还有伸出的接口。他告诉我:"老师,我要造一个威力超大的坦克。"

他选择了一块较大的场地,用一个个粗短的 PVC 管围成一个圆圈,"坦克"的机身就造好了。他又把长长的、细细的 PVC 管的管口朝向圆圈的外部方向,斜插在其中一个粗短的 PVC 管上,"坦克"的炮筒也造好了。然后,他高兴地站起来跑向我,大声喊:"老师,看,我的'坦克'成功了!"可是他一离开"坦克","悲剧"发生了——粗短的 PVC 管承受不住长长的 PVC 管的重量,"坦克"的炮筒歪倒了(图 22 – 2)。然后,他连忙跑过去用手按住"炮筒"底部,使其维持斜射天空的角度,转头对我说:"老师,你快看!我是不是很棒?"(图 22 – 3)

图 22 – 2 "坦克"歪倒了　　　　图 22 – 3 泽泽扶着"大炮"求表

我走近他,点点头说:"真不错!一看就像坦克。可是我还没有看出他的威力来呢!"泽泽眨了眨眼睛,想了想,用商量的语气对我说:"那你帮我扶着炮筒行吗?我再把它做得更大一点?"我说:"抱歉,我很忙呢!"泽泽的眼睛就去搜寻那些忙碌的小朋友。当他看到在推小车"送货"的逸逸时,就大声吆喝:"哎,卖材料的,我这里买材料!"逸逸听到后,马上送货上门。泽泽指着粗短的管子说:"我要两个这样的。"小送货员就递给他两个,当泽泽伸手去接的时候,"大炮"又歪了,他问逸逸:"你能帮我扶一下吗?"

逸逸说:"好吧!"在朋友的帮助下,泽泽又给自己的"坦克"加大了"威力"(图22-4)。

他看看"货车"问"送货员":"我想找个沉的东西,来压住我的大炮,你那里有吗?""我这里没有。"泽泽又四处找了找,指着邻班玩的木制积木,对逸逸说:"你去给我运一些那样的大木板来,行吗?"逸逸说:"那不是我们

图22-4　泽泽邀请朋友扶"大炮"

班玩的,我不能拿。"泽泽就回头寻求我的帮助:"老师,我需要一个木板做操控台,你帮我去要一个吧!"我说:"你可以自己去要呀!"泽泽犹豫了会儿,又像是下定了决心,点点头说:"好吧!"

泽泽果真跑到邻班老师那里要来了木板,只是他不是拿来一块木板,而是拿了三块木板,他高兴地跑到我面前说:"我有新的办法,让我的坦克超级有威力。"然后,他就利落地工作起来。他先拿一块长木板压住"大炮"底部,又把那块小且厚的木板叠放在长木板上,再把另一块长木板与前面的长木板平行放在"机身"上,最后分别在两块木板的两头套上一个粗短的PVC管。他站起来后退两步眯起眼睛审视了一会儿自己的作品,然后一拍双手,高兴地冲我做出胜利的手势,我也由衷地向他竖起大拇指(图22-5、图22-6)。

图22-5　泽泽的"坦克"成功了

图22-6　超大威力的"坦克"

洞察秋毫

1. 回顾游戏视频,分享游戏经验,鼓励幼儿独立解决问题。泽泽在构建小"坦克"的过程中,遇到"大炮"倒了、材料短缺等困难,他没有依赖老师,能探索和发现材料的特性,来解决自己的构造难题,并主动寻找更适合的朋友相助,通过自己的努力战胜了困难,并且取得了成功。与同伴分享成功的喜悦,会激发、感染更多小朋友,增强他们主动解决困难的意识。

2. 根据幼儿发展需要,提供丰富的辅助材料,做好材料的有效整合。案例中,泽泽做"大炮"时因现场材料不足想到了到木质积木区借用材料,新材料的加入使小"坦克"顺利建成。教师可以根据幼儿游戏前的规划,为幼儿准备充足的辅助材料,并且通过图片和实地考察等多种形式,让幼儿对幼儿园里的材料有更多的了解,能够有效整合各场地的材料,做到资源共享和利用率最大化。

3. 教师适当退后,鼓励幼儿同伴间相互交流、互动。案例中,泽泽第一次求助,是想让老师扶一下"炮筒",教师"拒绝"帮助,泽泽才能摆脱对老师的依赖,从众多的伙伴中选择一个最适宜也最可能帮助他的伙伴——"送货员"。泽泽在与"送货员"的交流、合作中,体验到了同伴间互助的快乐,游戏也获得了发展。

(刘洪敏)

二、表现性游戏

23. 多功能器械趣味多（小班）
——材料的创新组合让游戏更有趣

追根溯源

南部角色区材料架上的考拉、跨栏、拱门等材料种类多样，颜色鲜艳，引起了孩子们的兴趣，经常能想出不同的玩法，他们时常搬来玩耍，或跑跑跳跳，或坐在里面摇摇晃晃，或在下面钻来钻去，有时还会把这些材料综合在一起合作玩游戏。幼儿在游戏中增强了身体灵敏性，发展了合作能力、社会性。但是小班幼儿的合作能力、社会性还有待发展，需要不断在游戏中提高。

精彩回放

州州小朋友在南侧材料架上搬来几个跨栏，并整齐地排成一列，然后趴在地上，身体紧贴地面，像小士兵那样快速从跨栏下钻了过去（图23-1）。旁边的语涵看到州州站起来，走过去对他说："我可以和你一起玩吗？""好啊。"于是语涵成功加入。只见她抬起腿小心翼翼地跨过了跨栏。这时州州也学着语涵的样子，两个人一前一后在跨栏上来回跨越，玩得非常开心（图23-2）。

图23-1 州州钻跨栏

图23-2 州州、语涵跨跨栏

利津户外游戏

过了一会儿,州州看见旁边的太空舱,兴奋地对语涵说:"我们把这个太空舱当我们的家吧。"他们两个头一低,弯腰迅速进入太空舱,这时子政、佳宁和俊熙听到州州和语涵的对话,从旁边走来也迅速钻入太空舱,把太空舱当作他们的家。可是进入太空舱后,他们五个人只是坐在里面聊天,并没有进行游戏。于是我对他们说:"你们的家有点不安全,如果坏人进来怎么办?"俊熙小手一拍,大声说:"对啊,那我们用什么来保护我们的家呢?"子政环顾四周想了想说:"我有办法了!我们摆一个通道,只有通过通道才能进入我们的家,好吗?""好啊。"子政先从太空舱后面搬来了2个拱形门,自言自语道:"太高了,一弯腰就能进去。"他搬来一个跨栏,又让俊熙搬来一个拱形门。走进去试了试,还是觉得很容易通过。回头对俊熙说:"我们再摆上几个跨栏吧!"他们两个把跨栏一个一个整齐地摆在拱形门前面。子政满意地说:"这下通道应该安全了。"俊熙说:"我们来试试通道能不能过去。"子政匍匐前进通过跨栏,再钻过拱形门,终于回到家。俊熙先小心地迈过跨栏,钻过拱形门,差点把黄色跨栏和蓝色拱形门弄倒(图23-3)。非非看到了迅速跑过来,帮忙把拱形门扶好,俊熙说:"非非,你带着你的小伙伴到我们家里来玩吧。"非非开心极了:"好啊。"

图23-3 子政、俊熙试探通道安全性

非非带着他的小伙伴来到他们的家后,发现房子里空空的,他说:"你们的家里什么都没有。"说完非非到材料架上拿来了一个考拉,放在里面当椅子。州州看见后,很快搬来了跨栏和塑料梅花桩,用梅花桩当作桌子。这时非非摸了摸肚子,对州州说:"家里有饭吗,我的肚子饿得咕咕叫。"州州热情地说:"有啊,你稍微等一会。"说着州州把身子转到后面开始给非非盛"饭","饭"盛好了,放在桌子上。州州说:"快吃吧,不然一会'饭'就凉了。"非非大口地吃起了'饭'。佳宁也想给非非盛"饭"来招待客人,但被

二、表现性游戏

州州拦住了,"我来给他盛'饭'就行。"一会儿,在州州到太空舱外面的时候,佳宁拿着杯子在他身后接了水,她对非非说:"再来喝点水吧。"(图23-4)

图 23-4 非非来太空舱内做客

洞察秋毫

1. 继续提供丰富的低结构材料,满足幼儿自主游戏的需要。州州和语涵创造性地使用跨栏、拱形门等材料,满足了幼儿游戏中以物代物的需要,发展了跳、钻、爬、跨等基本动作和身体灵敏性。在后期游戏中,教师可以再投放一些轮胎、废纸箱等游戏性、趣味性较强的材料,使游戏内容更加丰富,提升幼儿游戏水平。

2. 教师适时介入,推动幼儿游戏情节的发展。刚开始,州州、语涵等五个人只是把太空舱当作自己的家,游戏比较单一。教师认真观察幼儿行为,适时介入,引导幼儿想办法来保护自己的家。他们结合生活经验,将拱形门、跨栏和太空舱组合在一起,增加了进入太空舱的难度,防止坏人进入家中。这吸引了更多幼儿参与到游戏中来,游戏情节不断丰富,推动了游戏的发展。

3. 分享游戏视频,帮助幼儿获得更多交往技能。游戏中佳宁想给非非盛"饭",被州州拦下,他选择了给非非接水喝,表现出了很强的交往机智。教师可以在班里分享他们在游戏中发生的小故事,组织幼儿讨论解决问题的办法,明白可以用多种方式来招待客人。还可引导幼儿在生活中观察爸爸妈妈是如何招待客人的,从而获得更多的交往技能。教师也要为幼儿提供自由交往和游戏的机会,为自主游戏提供有效支持。

利津户外游戏

24. 垫子搭房乐趣多（中班）
——材料的创新组合激发幼儿创造性的游戏

追根溯源

最近一段时间，家乐、奕彤、梦璐等几个小朋友热衷于设计房子、搭建房子。美工区里，她们设计、绘画房子；室内建构区里，她们用插塑玩具、小积木、纸杯、纸箱等搭建房子；户外建构区里，她们用大型积木搭建平房、楼房、别墅；玩体操垫子的时候，她们会用小型的体操垫子搭建各式各样的房子。今天，她们第一次挑战用最大的体操垫子搭建房子。

精彩回放

家乐、奕彤、梦璐等几个小朋友选择了最大的、长方形的体操垫子。只见她们把三张垫子围合，做房子的墙壁（图24-1），然后四个小朋友合作抬着垫子搭在上面做房顶，搭了两张垫子之后，房子建好了。孩子们兴奋地钻进房子里（图24-2）。

图24-1 三张垫子围合起来

图24-2 幼儿钻进房子

二、表现性游戏

　　一阵风吹来,刚刚搭建好的房子瞬间坍塌(图24-3)。孩子们发出遗憾的哎呦声。于是,她们又一起动手,很快把房子搭好。这一次,他们没有马上放手钻进"房子",而是用手扶着"房子",观察"房子"会不会再次倒塌(图24-4)。家乐说:"不好,房子还是晃动,不能松手。"这可怎么办呢?奕彤说:"我们可以用小垫子垫在一边,给房子挡风。"她刚说完,小伙伴们便开始去搬小垫子,挡在"墙壁"一侧。这确实有一定作用,房子稳固了许多。这时,家乐问我:"老师,我们可以用橱子里面的玩具吗?"我说:"当然可以,只要你有需要,什么材料都可以去取。"于是,孩子们从材料橱子里搬来了塑料滚筒、钻爬用的拱门、跨栏等,挡在"墙壁"外侧。经过一番努力,房子终于又稳固了(图24-5)。孩子们用拱门当作房门,还把塑料墩子搬进去,当作座位,玩得不亦乐乎。玩累了,家乐又搬来一张垫子,铺在房子里,大家一起躺下,呼呼睡大觉。有的小朋友甚至搬来陀螺和塑料滚筒当浴缸,"洗澡"以后才可以进入房间睡觉(图24-6)。

图24-3　房子倒塌

图24-4　房子再次搭好

图24-5　添加辅助材料

图24-6　塑料滚筒、陀螺当浴缸

玩的过程中,不知是谁不小心碰倒了房子,房子再一次坍塌。孩子们着急得蹦了起来(图24-7)。子墨跑到她所怀疑的"凶手"——文浩面前,气急败坏训了他一顿。梦璐失望地对我说:"我们好不容易盖起来的。"我问她:"怎么办呢?"梦璐没有回答,家乐说:"不不不,我要用这些大东西把它支撑起来,讨厌死了。"我说:"好。"家乐便开始组织她的小伙伴们清理房屋倒塌后的现场,把多余材料清走,只留四个相同高度的塑料滚筒当支柱,每两个塑料滚筒上面架一张垫子,"房顶"就这样搭好了。她们又找了三张垫子立起来,围成"墙壁"。她还一遍又一遍地调试"墙壁"的站立角度,让垫子下边往外倾斜,这样,房屋真的稳固了。她又在房子里面铺上垫子,趴在"床铺"上开心地笑起来。虽然她们的小脸因为劳累和太阳晒而变得通红,可是,这并没有影响她们愉快的心情。成功的喜悦写在她们兴奋的小脸上(图24-8)。

图24-7　房子再次坍塌　　　　　图24-8　最牢固的房子

洞察秋毫

1. 通过对家乐组搭建作品的分析和评价,帮助幼儿共享经验。活动结束,我请幼儿一起参观了家乐小组搭建的房子,让幼儿用手推一推,感受房子的牢固;钻进房子躺一躺,感受房子的舒适度。请家乐介绍她搭建房子所用的材料以及在搭建过程中失败的原因、改进的措施。并请小朋友想一想:"还有什么方式,可以把房子搭建得更加牢固、舒适、漂亮?"

2. 用开放的理念支持孩子的游戏。在游戏中,单一的体操垫子已经不能满足幼儿

二、表现性游戏

游戏的需要,他们需要更多材料的支持。当幼儿提出需要用距离较远区域的塑料玩具时,我欣然允许,并大力支持。允许幼儿根据游戏的需要跨区域选择材料。多样化的材料为幼儿的搭建提供了有力的物质支持,他们发挥自己的想象力,进行创造性的搭建。

3. 及时肯定幼儿不怕困难、坚持不懈搭建的表现,给予幼儿鼓励,推动游戏发展。多次失败对幼儿打击很大,他们一次次重新搭建房子,将垫子竖立、围合搭建,四人合作将垫子抬到顶端做"房顶"完成搭建。教师及时对幼儿已经完成的作品给予肯定,同时提出问题:"如何搭建才能让房子更牢固?"幼儿经过沟通合作,最终获得成功,培养了坚持不懈的优秀品质。

(宋玉艳)

25. 小小烤鸭店（中班）
——在反思中自主推动游戏发展

追根溯源

经过小班一年的时间，中班孩子对"用沙子替代实物"的方式已经十分熟悉，同时也有了一定的操作太空泥与绘画的经验，这些都为"烤鸭店"（图 25-1）的食材需求提供了大量的物质准备，可孩子们对"如何经营好一家烤鸭店"这一经验准备还不是十分了解，让我们一起来看看他们是如何开好这家小店的吧……

图 25-1　烤鸭店

图 25-2　把过滤后的大石子当作"钱币"

精彩回放

面对空空的灶台，第一次来到这里的小厨师们拿来小桶和铲子，来到旁边的沙池，挖了起来，装了满满一桶沙子，大厨瑞瑞开心地喊："食材来喽！"他们用大大的汤勺舀起一勺沙子放入锅里，来回搅拌，然后出锅，这就是一道菜！帮厨聪聪在过滤容器里抖沙子(图25-2)，细沙漏下去，小石子留在上面。聪聪指着小石子对我说："老师，你看，这就是钱！"这时客人妞妞走到小厨房："我要一份炒饭。"大厨瑞瑞问道："你要什么口味的炒饭呀？"妞妞脱口而出："烤鸭口味。"大厨犯了难，他走出厨房，低头寻找，突然像发现了宝贝似的捡起一片藏在沙池里的黑色塑料袋的碎片，黑黑的、长长的，像一片烤鸭肉。他如获珍宝，把这片"肉"放在沙子上交给妞妞，高兴地说："你的烤鸭饭好啦！"妞妞接过饭开心地笑了。过了一会儿，第二位顾客光顾小厨房，"我想吃……饺子！"瑞瑞低头看了看锅里的沙子，犹豫地盛出一勺，不自信地说："给，你的饺子好了。"小顾客接过"饺子"，半信半疑又带点惊讶地说："啊……好吧，这就是饺子啊！"

回到教室后孩子们就"如何解决食材问题"积极展开讨论，最后一致决定：在美工区用太空泥制作各种蔬菜和水果等食材，问题迎刃而解。

第二次来到小厨房的时候，这里除了沙子以外，还有了好多"新鲜的食材"(见图25-3)，并且被小朋友们分门别类整理好放在小筐子里。当被询问店里有什么菜时，瑞瑞主动向客人推荐说："今天我们有烤鸭！快来买。"顾客很感兴趣，立马买了一只，高高兴兴地走了。

图25-3　用太空泥制作的"食材"

瑞瑞大厨熟练地炒着各种菜品，菜品丰富，色彩诱人。但是，瑞瑞却开始不耐烦了："哎呀，怎么没人来买啊？"旁边的帮厨婧琪也愁得直挠头："这可怎么办呀？"瑞瑞想到一个办法，说："你去找人来买。""哦！"婧琪走进沙池，开始大声喊："都来买呀！都来买呀！"可是并没有太多人听到她的声音，小厨房里的客人依然不是很多……

食材问题解决了，可是"到底怎样才能把菜卖出去"，这个问题却难住了孩子们。为此，反思时孩子们又一次展开了讨论，并观看真实餐厅正在宣传的图片，学到了"多放各种菜，烤鸭更好吃""发放宣传单，让更多人知道""大声叫卖"和"送外卖"等多种方法。

图 25-4 烤鸭宣传画

一周后,厨房外摆上了醒目的的招牌宣传画(图 25-4)。瑞瑞戴着厨师帽,依然是大厨,婧琪负责叫卖,大声喊出他们一起设计的口号:"我们的烤鸭是最好吃的!"晨晨负责拿着袋子送外卖(图 25-5),每次送到小朋友手里都会说一句:"'吃'完以后记得把袋子和食材还回来!"子彤边发传单边说:"拿宣传单来买,烤鸭免费!"(图 25-6),收到宣传单的小朋友认真地看着宣传单上的"烤鸭",开心地说:"我要去买一只!"小小烤鸭店的生意终于变得红火起来了……

图 25-5 外卖员取外卖

图 25-6 发放宣传单

洞察秋毫

1. 提供丰富的低结构材料,增强幼儿以物代物能力。游戏中,孩子们积极寻找各类所需物品的替代物,出现了初步的以物代物,比如用沙子代替食材、石子代替钱币、黑色塑料袋代替肉片等等。中班幼儿对物体的颜色、图形已经有了良好的认知。他们能够根据材料与实物的相似性有目的地选择材料,并进行创意替代。第二次活动前,孩子们一同动手制作材料,不仅为游戏的开展注入了新的源泉,也提升了幼儿的创新意识和以物代物能力。

2. 通过丰富幼儿社会经验，丰富游戏故事情节。在小厨房游戏的初期，由于缺乏经验，孩子们经常会遇到"不想玩了"或"游戏进行不下去了"的情况，教师带领孩子们用图片、视频等多种形式了解更多与餐厅、烤鸭店、售卖等相关的知识经验，并请家长带孩子实地参观，积累生活经验。随着经验的不断丰富，孩子们找到了适合自己的角色，分工明确，有了初步的合作意识和较强的角色意识，发现了自己在游戏中的价值。

3. 注重活动反思，提高幼儿发现问题、解决问题的能力。游戏中孩子们发现了许多问题，食材不足、销路不通等，正是每次游戏后的反思环节，大家一起讨论解决的办法，"食材""制作""售卖"等问题在全班小朋友的帮助下迎刃而解。"发现问题"是游戏发展的前提，"解决问题"是游戏发展的必要途径。勤反思，多思考，幼儿游戏水平才会不断提高。

（高淑靖）

26. 汽车修理店（中班）
——幼儿主动提出问题能够推进游戏的进程

追根溯源

中班幼儿已经掌握基本的交通规则，在交通游戏中有了小交警、加油站的游戏情景，游戏内容日渐丰富。这和交通区丰富的交通资源有很大关系：木质车、独轮车、脚踏车、推拉车等等。孩子们喜欢在交通区游戏，随着游戏的开展，这些材料却限制了游戏的丰富性，于是在游戏规划的讨论中，我们自由选择园内适合的材料加入到游戏中。随着游戏的开展，仍然有部分幼儿在中途停止游戏。当老师询问："孩子，你的车子怎么不走了呀？"有的幼儿会说："我的车子坏了，因为没地方修啊，所以就不能走了。"追随孩子的意愿，我们创设了汽车修理店这一角色。

游戏开始后，牛牛小朋友选择了汽车修理工的角色，接下来，发生了一系列修车的故事。

精彩回放

图 26-1 牛牛拿着环形积木左右比对

游戏开始后，晴晴推着车子来到了修理店。晴晴说："老板，我感觉车的轮胎快要爆了，你可以给我修一下轮胎吗？"说完用手指了指小车的轮子。牛牛歪着头看了看车轮，然后拿了一个环形的积木。晴晴说："老板，你是要给我换轮胎吗？"牛牛说："我先试一试，看看合适不合适。"说完，拿起一块环形的积木对着轮胎左边比了比，右边比了比（图 26-1）。牛牛说："先补一补吧！补比较便宜。"晴晴问："你补胎多少钱？"牛牛说："三元钱。"

牛牛先选了一个半圆形的积木，接着换了一块长方形的，又拿起了一个圆柱体的积木试了试(图26-2)，发现都不合适。最后拿起一块小的长方形的积木在车轮上擦了擦，磨了磨(图26-3)。牛牛告诉晴晴："轮胎补好了！还有其他需要维修的地方吗？"

图26-2　牛牛用圆柱体积木修车

图26-3　牛牛用长方体积木修车轮

晴晴告诉牛牛："你检查一下发动机吧，发动机有响声。"牛牛用手指按了按积木，又用另外一个积木敲了一敲(图26-4)。"好了，你开开试试。"牛牛让晴晴试了试车，"好了，发动机不响了！"晴晴高兴了。

图26-4　牛牛用积木修理发动机

图26-5　牛牛用积木修理车身

这时，晴晴用手摸了摸车身上的两块木板说："这里不大平整。"牛牛顺着晴晴手指的地方，用积木敲了敲。晴晴指着车上的胶说："看，我的车结冰了。"牛牛看了看，一条腿搭在小车上，俯下身拿起积木磨了磨，然后，又用一块小木块顶住两块长方形的积木(图26-5)。最后，把积木都收下来，车子就修好了，晴晴高兴地推着小车走了。

利津户外游戏

修车告一段落,牛牛看暂时没有来修车的,他跑到建构区挑选积木,往返多次拿来许多长条和圆柱形的,在地上平铺出一个洗车室。乐乐推着车来了,他问牛牛:"老板,这是做什么的?"牛牛告诉他:"这是洗车的,你推进来,我给你洗洗车吧。"乐乐调整了几次方向,把车推进了洗车室(图26-6)。

图26-6 乐乐推车进洗车室

牛牛在给乐乐洗车的时候,又来了辆车要修,牛牛想先去修车,乐乐不同意:"你得先给我洗完。"牛牛很为难:"我是修理工,先要修车。"一旁等着修车的晨晨说:"我很着急,先给我修车吧,我还有急事要做。"牛牛看了看乐乐,又看了看晨晨,对他们说:"你们两个稍等。"说完,牛牛飞快地跑到了交通区南侧找来了他的好朋友梓豪。他们两个进行了简单的分工。牛牛给乐乐洗车,梓豪给晨晨修车。这样既满足了"顾客"的要求,又节省了时间。孩子们玩得很开心。

洞察秋毫

1. 在游戏中,晴晴提出了一系列的问题:发动机有响声、车这里不平、我的车子结冰了。这些问题的提出推动了游戏情节的发展。牛牛在选择修车的工具时,选择的替代物与原型非常相似,由他搭建的洗车室以及后面对游戏角色的安排,可见他是一个善于观察并爱动脑的孩子,使游戏情节更加完整。在后面的游戏中老师可以多提供一点低结构的材料,发展幼儿以物代物的能力和水平。

2. 教师不要过多干涉幼儿的游戏,让幼儿做游戏的主人。在反思环节,可以通过观察小视频,让幼儿说一说自己是怎样修车的。组织幼儿进行讨论和交流,帮助幼儿寻找更多的解决问题的方法。活动中可以以交通工具为主题开展主题教育活动,使今后的游戏更加充实。

(刘 莹)

二、表现性游戏

27. 车子变形记（大班）
——幼儿在自发游戏中自主成长

追根溯源

梯子滚筒区里的竖梯、木板、九宫格、垫子等材料可移动、可组合、可变性强，深受幼儿喜爱。铭浩是个小车迷，幼儿园的"皇家马车"给了他很大启发，他想自制一辆"皇家马车"（图27-1）。他的创意成功吸引了明睿、宇龙等几位小朋友的加入，他们决定在梯子滚筒区，利用木板、轮轴搭建皇家马车（图27-2）。

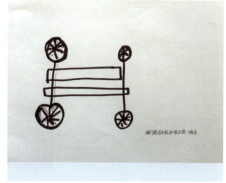

图27-1 幼儿园自制的皇家马车　　图27-2 幼儿设计的"皇家马车"规划图

精彩回放

有了之前的规划，他们有序地忙碌起来。铭浩滚来了两根轮轴，明睿、宇龙搬来三块木板，他们将木板搭在轮轴上，一辆简易的马车做好了（图27-3）。铭浩滚动后面的

利津户外游戏

图27-3　幼儿驾驶第一版马车前行

轮子,宇龙扶住木板,马车动起来了,孩子们兴奋不已。可是,刚走几步,只听接二连三的咚声响起,木板一块接一块地掉落在地上——车子散架了。"明睿,你要和我走得一样快,木板就不会掉下来了。"铭浩在车的后面大喊,三个孩子又重新组装好马车继续前行,尽管明睿一直小心翼翼地跟随着铭浩的脚步,可是马车又散架了。宇龙说:"是不是木板太滑了,我们换一个有卡槽的木板吧。"他的意见得到了认同,马车再次上路,这次改装非常成功,引来了很多伙伴的驻足围观,他们的满足之情溢于言表。

"我要当车夫,推车太累了。""咱们可以拉车啊,拉车比推车轻松。""好主意!"一帆找来一根绳子,一端系在前端的车轴上,一端拴在自己的腰上,明睿开心地坐在马车上,大声喊:"嘚儿,驾……"宇龙高兴地跟着来回跑,孩子们很是开心地玩了一阵子(图27-4)。随着一帆力气越来越小,脚步越来越慢,孩子们高涨的游戏热

图27-4　幼儿拉着第二版马车前行

情慢慢归于平静,"好累啊!"一帆卸下担子,顺势四脚朝天躺在了草地上。

明睿跑过来,说:"我们用马车'送快递'吧!""送给谁呀?"一帆听了呼地坐了起来,"我们装上一车玩具,送给其他组的小朋友。""好啊。"大家说干就干,明睿搬来滚筒,宇龙搬来大滚球,两件物品都有易滚动的特点,他们调整了好久才让两件物品安然"躺"在上面,可是,随着货车的前行,两件物品一前一后滑滑梯似地相继跌落下来。"太滑了。"明睿很无奈。"我有办法了,用梯子卡住它。"宇龙搬来一架梯子放在"车厢"里,再

二、表现性游戏

在梯子的空隙里放上滚球、滚筒,果然,滚球卡在空隙里,不再滚动了,可是滚筒依然"不听话",明睿走过去,将竖放的梯子横了过来,想挡住下滑的滚筒,可是梯子与梯子之间也太滑了,根本竖不住(图27-5)。孩子们又重新组装,反复调整材料摆放的位置,仍于事无补,铭浩仍坚持着在调整,明睿、宇龙面面相觑,像泄气的气球,束手无策。

图27-5　明睿横放梯子,想挡住下滑的滚筒

看到他们准备离开,我走过去问:"发生了什么事?""我们想'送快递',可是车和玩具都太滑,老是掉下来,我们不想玩了。"还没等我说话,铭浩抢先说:"胆小鬼,遇到困难就逃跑,你们想玩我也不和你们玩了。""不玩就不玩,有什么了不起的。"宇龙生气了,我赶紧打圆场,"刚才,你们不是玩得很开心吗?如果因为一点困难就放弃,就闹矛盾,这样不但解决不了问题,还影响朋友之间的感情。我们一起来研究一下问题出在哪儿?""两个梯子放在一起太滑。"明睿说。"那如果在它们之间再放置一个摩擦力大的材料呢?"我帮忙出主意。明睿环顾四周,"有了。"他快速地拿来一块体操垫,放置在两个梯子之间,问题解决了。铭浩走过去说:"明睿,你的办法真多!"明睿挠挠头:"这是我们大家一起想出来的。"三个孩子又快乐地忙碌起来,拉着马车到处"送快递"。

图27-6　幼儿搭建的"训练场"

"快递"送到"训练场"时(图27-6),瑞泽大声喊"军事重地,严禁闯入",铭浩说:"我们是'送快递'的。"瑞泽像没听见一样,拿起望远镜望了一下,指挥炮手,"出现敌军,发射。"炮手扭转炮筒,"咚!咚!""别管他,我们继续向前走。"铭浩的倔脾气上来了。"你们赶紧撤回去吧,我已布好了地雷阵。"瑞泽说着将许多积木洒在地上。"就这点小把戏。"明睿迅速清理了障碍。"现在撤回去还来得及,掉在岩浆里,可别怪我没有提醒你们。"瑞泽喊

> 利津户外游戏

道。"快递员"已被气昏了头,哪管这些,奋力前行,结果就陷在"岩浆"(体操垫)里,动弹不得。"哈哈哈,不听老人言,吃亏在眼前。"训练场上传来一片嬉笑、讥讽的声音,他们抱着肚子笑个不停。

"我们做辆战车,杀杀他们的威风。"铭浩信誓旦旦。"超级装甲车。"三人一拍即合。"咱们用梯子做大炮吧,很威风。""怎样把大炮竖起来呢?梯子很重的。""用木桩,木桩比梯子重,能固定得更好一些。"三人有了计划,分头寻找材料,他们先在木板上铺上两层垫子,再准备把木桩放上去,可是木桩太重了,一人抱不动,两人抬不动,三人一起上,可是,不管是将木桩横着抬还是竖着抬,都白费力气。"我有办法了。"铭浩将梯子一端放置在地面上,做成了一个斜面,铭浩、明睿默契地借助斜面,合力将木桩滚到了车子上(图27-7),将它立起来,放置在中间,上面斜着架上一架梯子,"装甲车"做成了(图27-8)。他们驾驶着自制的"超级装甲车"向"训练场"驶去……(图27-9)

图27-7 幼儿借助斜面将木桩滚到车子上

图27-8 "超级装甲车"

图27-9 幼儿驾驶"超级装甲车"

二、表现性游戏

洞察秋毫

1. 相信幼儿,为幼儿搭建自主解决问题的平台。幼儿喜欢"跳一跳摘果子",正是有了诸多的困难和问题,才使得本次游戏妙趣横生。因此,游戏中,当沉重的木桩运不上马车时,当"快递员"与"训练场"发生矛盾时,我虽内心焦急,却能耐心等待,将解决问题的机会留给孩子,才使铭浩发现是步履不一致导致小车散架,提出自己的见解,并指示同伴与自己配合,增强了其观察能力及交往的主动性;宇龙发现木板打滑后,更换有卡槽的木板,根据材料的特性解决构造中的难题,在游戏中建构了新的经验,提高了思维变通能力;当球反复滚落时,明睿、宇龙选择利用梯子,并不断调整其方向进行固定,将已有经验迁移到问题的解决中,产生新的经验,提高了思维的灵活性,增强了探究意识。

2. 正面介入,助推游戏深入开展。案例中,马车装载货物未能成功,同伴间存在分歧,快递游戏面临"未始即终"。我果断介入游戏,提醒他们选择合适的材料,鼓励他们合作解决困难,使游戏得以深入开展。

3. 分享反思,梳理提升。游戏后的反思与回馈环节,围绕经验生长点"主动发起活动,并在活动中出主意、想办法;与同伴分工合作,遇到困难一起克服;能倾听和接受别人的意见"开展分享活动,并提问:"马车在前进时出现了什么问题,你们是怎么解决的?成功解决后你们的心情是怎样的?你们是用什么方法将木桩运上马车的?谁还有更好的建议?"引领幼儿梳理游戏中遇到的问题,讨论分享同伴解决问题的经验。通过充分的交流与表达,倾听与思考,将零散的经验进行重组,建构新经验。

(刘令燕)

利津户外游戏

28. 平梯上的精彩表演（大班）
——丰富的材料让自发游戏的情节更丰富

追根溯源

图 28-1 材料库

由于平梯对幼儿的动作发展和身体的协调性有一定的要求，只有少数幼儿借助平梯玩过"小猴子荡秋千"的游戏。元旦过后，园里对户外游戏辅助材料进行了规划整理，集中摆放形成了材料库（图 28-1）。材料的集中放置相比之前的分散放置，一方面更便于幼儿的自由取放，另一方面，丰富的材料激发了幼儿自发游戏的兴趣，孩子们借助轮胎组合、大圆球、跨栏、陀螺和考拉等材料，创设了更丰富的表演游戏情节。

精彩回放

在攀爬区里孩子们纷纷选择适合自己的器械玩了起来。景骏、明浩迅速爬上平梯（图 28-2）大声吆喝："好看的表演马上开始了，还没购票的朋友请抓紧时间购票入场。"吸引大家的注意。庆泽第一个跑过来说："我要看表演！""快爬到我们的看台上来，精彩的表演要开始了。"景骏说。

图 28-2 平梯

二、表现性游戏

庆泽试着爬上平梯,试了好几次也没成功。明浩从平梯上跳下来用力托起他的屁股(图28-3),使劲往上推也不行。这时景骏从材料库找来一组轮胎组合,将它滚到平梯下面竖起,借助轮胎组合爬上平梯,对庆泽说:"你先爬上我们的轮胎台阶,我拉你上看台。"

成功坐到看台上的庆泽提出要求说:"我想看'小猴子荡秋千'。""我们不会!""那我不看表演了!"庆泽说着就想离开。景骏连忙说:"请稍等,'小猴子荡秋千'的表演马上开始!"他跟明浩商量:"你知道'小猴子荡秋千'怎么表演吗?就是用手抓住平梯上的横杆,从这头荡到那头,你知道谁能这样做吗?""艇航就可以!""那你负责去请艇航加入我们的表演,我先给观众们唱首歌!"艇航的加入让表演顺利开演,也渐渐吸引了其他幼儿的参与(图28-4)。

图28-3　明浩帮助庆泽上平梯　　　　图28-4　表演"小猴子荡秋千"

在艇航他们表演小猴子荡秋千时,景骏又从材料库找来了一个大圆球,放在最外侧的平梯下面,高兴地宣布:"'黑熊滚球'表演马上开始!"他兴奋地伸手抓住平梯上的吊环,想要站到球上(图28-5)。可踩上去后球一直往一边滚并不走直线,他有点着急,不停地尝试。当他再次尝试滚球表演失败时,球刚好滚到轮胎组合旁边,他围着轮胎组合观察了一会儿,把轮胎组合放平推到最外侧的平梯下面(图28-6),抓住吊环踩上去,终于实现了滚球表演的目标。

精彩的表演吸引了很多的观众,把平梯周围挤得满满的,尽管景骏一直在维持秩序,却越来越挤(图28-7)。我走过去问他:"你好,我想看表演,请问在哪儿买票?"景骏看了看平梯周围,对庆泽说:"你去平梯那边卖票,买了票的小朋友才能看表演!"他

利津户外游戏

图 28-5 景骏尝试用球表演"黑熊滚球"

图 28-6 景骏用轮胎组合表演"黑熊滚球"

则跑去搬来几个跨栏放在平梯外侧,围成一个护栏,爬上平梯喊道:"要看表演的请先去庆泽那儿买票,在护栏外排队等着。不遵守秩序的小朋友,不能进场看表演!"(图28-8)观众渐渐变得有秩序,他又请几个小朋友去材料库拿来陀螺和考拉,在平梯下面表演玩陀螺和考拉,这样表演可以同时进行,也可以交替进行(图28-9、图28-10),节目丰富了,演员也可以交替休息,游戏现场变得井然有序。

图 28-7 景骏在维持现场秩序

图 28-8 买票、排队等候看表演

二、表现性游戏

图 28-9　幼儿观看精彩表演

图 28-10　幼儿观看精彩表演

洞察秋毫

1. 引导幼儿发现材料库中可供利用的其他材料，满足幼儿的表演欲望。幼儿利用平梯进行表演游戏，遇到困难积极想办法尝试解决，主动尝试借助轮胎组合帮助同伴上平梯；进行滚球表演；借助跨栏维持秩序，形成一个小剧场；利用考拉和陀螺丰富游戏的内容。可以借助材料库中的丰富资源，鼓励幼儿利用多样化开放性的材料，拓展丰富游戏的内容，满足幼儿的表演欲望。

2. 引导幼儿迁移解决表演内容单一、表演现场秩序混乱等问题的经验，丰富表演游戏的情节。游戏中幼儿通过创设"小猴子荡秋千""黑熊滚球""幼儿买票观看表演"等游戏情境，吸引同伴和自己一起游戏。能依据帮助同伴上平梯、协调组织表演等具体的情境使用恰当的语言和交往的技能。鼓励幼儿通过扮演不同的角色与同伴分工合作进行游戏。教师还可以参与到幼儿的游戏中去，借助观众点播节目的方式，启发幼儿主动探究设计游戏情境，让游戏情节更加丰富。

3. 观看精彩表演的图片、视频，提升幼儿的模仿和表现力，提高幼儿表演的艺术性。表演性游戏以幼儿的已有经验为基础，游戏中幼儿主动发起表演活动，引导了整个平梯上的表演活动的开展。可以借助艺术性的表演活动，激发幼儿的表现力和创造力。及时将幼儿活动的照片、视频，与家长和班级其他幼儿分享，增强幼儿的自豪感和自信心，推动游戏的进一步发展。

（王娟娟）

利津户外游戏

29. 精彩的"电影院"(大班)
——冲突有利于幼儿游戏水平的提高

追根溯源

根据《纲要》大班幼儿发展目标"与同伴发生冲突时能自己协商解决"这一要求,大班初始,教师决定在户外游戏时给予幼儿更多自己协商解决的机会。妍妍小组是个配合力较高,活动也较积极的小组,但之前遇到问题都是借助成人帮助引导才能解决,这次他们搭建了"电影院"并开始游戏,紧接着面临到挑战……

图 29-1 幼儿按图纸搭建　　图 29-2 "电影院"成型

精彩回放

"电影院"搭建完成,小朋友们都坐在观众席上,可台上太冷清了,大家觉得有点无聊(图 29-3)。这时茜茜说:"如果真的有电影看就好了。"小朋友们纷纷应和:"对呀!对呀!"就在这时,妍妍忽然说:"我们可以自己表演节目,这样不就有节目看了么?"

二、表现性游戏

"对,我们可以自己表演节目。"电影院马上热闹起来。

"我会唱歌。""我要跳舞。""电影院"里小朋友们叽叽喳喳说个不停,场面一下陷入混乱。很多小朋友都有节目,都想表演一番,到底谁先上呢?谁也不相让。这下他们可为难了,一起把目光投向我,想寻求我的帮助。我点点头,示意他们自己解决。这时一铭高喊一声:"开会!"他们小组成员很快围成一个圈,我故意靠近,想听一下他们如何开会。原来他们在商量让谁先上。这时妍妍说:"肯定主持人说了算,他让谁上,谁就上。"月月说:"我当过主持人,我来当吧!"一铭说:"这样我们就不乱了,一个一个来。""好办法。"小雨说。一铭说:"月月主持过,我们让她主持,举手表决。"只见大部分人都举起了手,"少数服从多数,通过!"(图29-4)

图29-3 幼儿感觉无聊

图29-4 举手表决

月月走到了台上开始报节目:"接下来,有请小雨带来节目《春天在哪里》,下一个请琳琳做准备。"秩序乱的问题得到了明显改善,"电影院"里热闹极了(图29-5)。

"下面有请颖颖为大家带来歌曲《虫儿飞》。"只见颖颖从观众席艰难地走出来,因为座椅挨得近,再加上观众席上坐着小观众,颖颖出来的时候把座位碰倒了(图29-6),"你把我们的座椅碰倒了。""我们好不容易摆整齐的。""就是。"显然,大家对颖颖碰倒座位很不满。面对大家的指责,颖颖有点束手无策,不好意思地抠着手指。其

利津户外游戏

图 29-5　主持人主持节目

实她完全可以辩解,却说不出话来。这时我准备介入了,"座椅为什么会倒呢?"坐在颖颖旁边的小曹说:"我这里太挤了,她在我旁边走过就倒了。"我接着说:"你们想个办法,怎样才能解决这个问题呢?"大家都陷入了沉思,一会儿妍妍说:"那让她坐第一排吧,这样就能直接上台,我们演出的时候,爸爸妈妈这些观众坐后面,我们演员坐前面。"一铭紧接着说:"我们演员也坐在第一排吧,我们现在就行动!"就这样,演员席和观众席分开,秩序得到了明显的改善,电影院里又传出了月月报节目的声音(图 29-7)。

图 29-6　幼儿发生冲突　　图 29-7　演员席与观众席分开

洞察秋毫

1. 变被动为主动,当游戏小主人,提高幼儿自尊心。案例中,当幼儿为了谁先上台

二、表现性游戏

表演争执不休,并寻求老师帮助时,老师并没有介入,而是给予幼儿独立解决问题的机会。本以为幼儿解决不了,结果他们不但制定出规则,并积极遵守,甚至比之前更加有秩序。幼儿从被动到主动的过程中自尊心得到了尊重,也滋生了责任感,使他们对游戏更积极,在整个游戏中伴随着一份积极的情感体验。

2. 关注幼儿个别差异,因材施教。教师要关注幼儿个别差异,满足孩子的特殊需要,为每一名幼儿提供表现自我的机会,而不是"一刀切"。案例中,颖颖因碰到了大家摆好的观众席位而受到大家指责,换做别的幼儿,教师可能尝试让他们自己解决,但颖颖是个很内向的小朋友,不太会表达,这时教师必须介入,引导其表达自己观点,给予幼儿最合适的教育,教育才有针对性,才能促进每个幼儿在原有水平上个性的发展。

(张凯月)

利津户外游戏

30. 野战区里的"特殊营救"(中班)
——幼儿具有灵活丰富游戏内容的能力

追根溯源

图 30-1 趣味十足的野战环境

户外自主游戏——野战区,给孩子们提供了一个展示自我的平台,孩子们在参与中感受,在感受中体验,克服内心恐惧的同时,享受团队合作带来的"战果"。野战区带给孩子们无尽的探究乐趣!

中班下学期的孩子们对大班哥哥姐姐玩的野战区很是向往,每次经过都会驻足不前。顺应孩子们的需求,我们班也为游戏的顺利开展做了一系列的知识经验准备。第一次进野战区,孩子们将之前看的《小兵张嘎》《地道战》等电影中的情景进行了情景再现(图30-1)。独具一格的野战区让大家都沉浸在走、跑、跳和隐蔽的快乐之中,没有一个人愿意停下自己的脚步当"受伤战士"接受治疗。游戏出现了规划与现实不符的状况。

二胎政策放开以来,我班幼儿家中很多有小弟弟小妹妹的。所以在"战场"上发现不了"救援战士",他们就迁移自己的生活经验来丰富游戏的内容。欣怡是一个比较有想法的孩子,整个活动由她作为游戏的推动者,加之她的妈妈在医院工作,耳濡目染的她,对材料的使用也很有创意,整个活动变得惟妙惟肖。

二、表现性游戏

精彩回放

终于,在期盼中我们班走进了野战区,之前的游戏规划,孩子已经熟记在心。伴随着铿锵有力的音乐《咱当兵的人》,巡逻小组拿起手枪迈着整齐的步伐走向小山坡,占据有利地势的"敌人",则在城堡上洋洋得意。

随着音乐的转变,巡逻的战士们拿起手枪快速隐蔽好。有的隐蔽在大树旁(图30-2),有的隐蔽在大石头后面,有的则就地卧倒隐秘在草坪上。城堡上的"敌人"也不甘示弱,展郡小朋友露出半个脑袋,打一下,就藏一下(图30-3)。

图30-2　隐蔽树后　　　图30-3　双方"对打"

"老师,请你让让。"我回头一看,原来是欣怡和晓希小朋友。"你们来干什么?"

"我们来抢救战士啊!""可一个受伤的战士也没有怎么办?""要不再等一会儿?""那好吧!"两个小女孩抬着垫子走了……(图30-4)

枪战结束后,我发现在不远的军营帐篷旁边有一群围着"担架"的小朋友(图30-5)。我定睛一看:晓希躺在担架上,欣怡、月涵、雪儿、依辰小声地说:"慢慢抬,晓希可能生宝宝啦。"接着,欣怡又找来几名力气大的男孩帮忙抬着担架,"小心翼翼"地把担架抬到了军营中,我在他们的混乱中进去,悄悄站在营帐角落,静静地看着他们的活动。

刚进帐篷,欣怡就对小男孩们说:"这里马上有宝宝出生,你们得出去。"接着又指挥雪儿把帐篷揪好,以防有人来打扰(图30-6)。

图30-4 "抢救战士"的欣怡、晓希

图30-5 晓希卧倒当"大肚子阿姨"

图30-6 雪儿专心揪帐篷

二、表现性游戏

欣怡拿着一个听诊器，认真地给晓希测血压，测完以后皱着眉头说："里面可能两个宝宝，必须马上手术。"月涵马上回应："没有手术刀，你们等我一会。"说完就飞速跑了出去，不一会儿就从外边拿回了一片针形的树叶当手术刀，假装消毒以后，就拿"手术刀"在晓希肚子上划了一下，"宝宝出来了！"在一旁的依辰听到后，赶紧用自己的外套做了一个"娃娃"抱在怀中。月涵则用一片叶子在刀口那里抹了几下说："缝合好了。"这时晓希才睁开眼睛，露出笑容……（图30-7）

我为孩子们自己的设计的"特殊营救"感到欣慰。反思回顾时孩子们画的游戏故事，更是栩栩如生，姿态各异的小勇士、隐蔽在城堡上的"敌人""大肚子的阿姨""抬担架的战士"……（图30-8、图30-9）

图30-7 "紧张有序"救援中

图30-8 好玩的野战游戏

图30-9 图画故事《大肚子阿姨》

野战区游戏继续进行中，期待孩子们给我们带来更多的精彩……

利津户外游戏

洞察秋毫

1. 借助照片视频,梳理游戏过程,为以后的活动提供方向。"为什么都不想当受伤战士?"在教师的循循善诱下开始了激烈的讨论。最后得出结论:受伤战士,只能躺在那里,没有意思。

2. 及时肯定幼儿"以人代人、以物代物"的行为。回到班中,我把救援战士自发生成的"生孩子"事件以视频的方式与大家分享。对游戏中配合默契的"医生、护士"以及游戏中找来树叶代替"手术刀"的孩子们给予表扬鼓励。

3. 共同追忆活动过程,进一步发挥幼儿的想象力。活动反思时,我及时追问孩子:"我们的活动场地上还有什么可以当道具进行游戏?"有的孩子说:"法国梧桐的果实、建构区的玉米芯可以做手榴弹。"有的孩子说:"平衡区的轮胎和油漆桶可以组合成隐蔽的特殊碉堡,来防御和攻击敌人。"……"救援战士还可以干什么?"孩子们结合自己看过的电影,说出了给受伤的战士做病号饭的游戏内容。我鼓励孩子们回家继续观看与红军有关的电影,下次游戏规划时,把电影里自己最喜欢的故事和大家分享。

4. 耐心等待,为新游戏的创生提供充足的时间。游戏中,欣怡问我:"一个受伤的战士也没有,怎么办?"我给她的回复是:"要不再等一会儿?"如果游戏过程中,我根据游戏规划,引导敌军或者是红军中的某个孩子当受伤战士,就不会看到主题下孩子们自发生成的、与生活经验紧密相关的这一精彩游戏。"特殊的营救"也看出中班下学期孩子思维的灵活性和变通性有了很大的提升。

(李　芳)

二、表现性游戏

31. 守护"军火库"（大班）
——在角色游戏中促进幼儿社会性发展

追根溯源

为了丰富幼儿对野战区的知识经验，在进入野战区活动前，我们同幼儿观看了少年抗日英雄事迹的相关视频，他们被小英雄们的机智、勇敢所感染。结合野战区的户外场地资源优势和前期的游戏经验，幼儿自己规划设计的守护"军火库"的游戏就产生了。幼儿自己分配角色分成蓝军和绿军两队，选择装备（报纸球、沙包、玉米芯），把装备分散隐藏在安全的地方，先保护好自己的装备。一切准备就绪，一场守护"军火库"的保卫战拉开了序幕……

精彩回放

孩子们根据规划好的路线和角色进行了实地站位（图31-1），绿军的"情报员"景骏和庆泽选择站在处于场地中间位置的碉堡上，这是绿军场地的一个优势，站得高望得远。他们认真地观察着下面的一切（图31-2）。庆泽对景骏说："咱们要看仔细了，

图31-1 幼儿根据角色找合适位置

图31-2 景骏、庆泽站在碉堡上观察敌情

看看蓝军的装备都藏在什么地方。""嗯,还要看着不能让他们闯入咱们的领地。"景骏手持望远镜很严肃地说。

话音刚落,景骏急切地说:"我发现了!"原来是蓝军的航航侵入绿军的领地想找装备。景骏一把抓住他问:"你想干什么?为什么来我们的领地?"(图31-3)航航笑嘻嘻地说:"我不小心走错了,马上就回去。"说着开始挣扎想逃离。景骏紧紧地抱着他的两只胳膊,这时庆泽也跑下来协助。不过,景骏并不领情,大声说:"你快回去,我自己能行,你要看着咱们的领地不被入侵,快点。"庆泽听到指令,重新返回到碉堡上。景骏用力抓着航航,非常严厉地质问道:"你身上有没有拿我们的装备?抓紧给我交出来。""真的没有,我刚过来就被你发现了。"航航很委屈的样子。景骏的眼睛咕噜咕噜地转了两圈说:"我要把你绑在树上,防止你再来找我们的装备。"说着,就让航航靠在了树上,景骏还围着树转了两圈,说是用绳子缠起来更结实(图31-4)。

图31-3 景骏抓住蓝军航航　　图31-4 景骏把航航绑在树上

这个时候,涵涵气喘吁吁地跑过来说:"景骏,咱们的碉堡被围攻了。""啊,不会吧,快去看看。"只见在碉堡的楼梯口明浩做着敬礼手势、腰板笔直地站在那里(图31-5),几名蓝军的小朋友在旁边有些生气地看着他。见我过去,佳颖开始求救:"老师,别人可以上碉堡,为什么明浩不让我们上去?""为什么呢?"我问明浩。明浩声音特别响亮地回答:"我说不行就不行,这是我们绿军的基地。"原来他是绿军的"哨兵",佳颖很不服气地反击:"小妍明明是蓝军的,刚才她偷偷换了军牌,你们也让她上去了,为什么我不行?"景骏辩解说:"刚才是因为没有看见。""那怎样才能上去?"佳颖继续争取机会(图31-6)。

图31-5　明浩"放哨"　　图31-6　几名幼儿在协商解决办法

听到可以讲条件,他俩开始商量对策。他们对佳颖说:"我们同意你上碉堡,但是你要把你的装备给我们。"佳颖思考了一会说:"我可不可以上去的时候给你们,下来的时候你们再还给我?"说着就拿出了她藏在衣服里的所有装备(图31-7)。明浩想了想说:"那行吧,只能这样了,为了公平我可以还给你。"(图31-8)他虽然有些不甘心,但最终还是同意了,说完就让开了楼梯口的位置,佳颖开心地跑上了碉堡。

图31-7　佳颖从衣服里拿出装备　　图31-8　协商成功,上缴装备

利津户外游戏

回到活动室我们进入反思环节,小朋友提议,可以在下次游戏时两队进行领地的互换,满足所有幼儿上碉堡的需求,我们的游戏还在持续进行。

洞察秋毫

1. 给予空间,提高幼儿自己解决问题的能力。在游戏中幼儿通过积极协商分配角色分成蓝绿两组,根据自己的兴趣创设守护"军火库"的游戏主题、情节,选择游戏使用的材料。哨兵能根据自己的角色需要选择自己的站位;在遇到"敌人"入侵、作为敌对方也想要登上碉堡的问题时,幼儿积极主动去协商解决,不仅促进了幼儿的语言表达能力和社会交往能力的发展,也有助于幼儿责任感的培养。

佳颖和明浩产生矛盾时,教师没有制止,而是通过间接引导,让幼儿自己通过协商沟通解决问题。教师的支持不仅使幼儿之间有了更多双向交流、平行学习的机会,还能发展幼儿解决问题的能力。

2. 鼓励幼儿分享在游戏中发生的各种经验和问题。在分享环节,幼儿一起观看大家的游戏视频,如:观察敌情、发现"敌军"、协商对策等,通过观看电影,幼儿在后续的游戏中可以取长补短、开拓思路、共同协商解决问题的方法,不断提高角色游戏水平,促进幼儿游戏的深入持续开展。

3. 为幼儿提供丰富的材料,如投放弹药、担架、医药箱等多种材料,引导幼儿产生更多的游戏内容和情节,如:小医院、炊事班病号饭、救治病人等。

(刘　迪)

二、表现性游戏

32. 野战游戏的"小军师"（大班）
——幼儿有主动推动游戏发展的能力

追根溯源

升入大班，野战区成为幼儿游戏的主要场所。刚开始接触野战区时，幼儿看到野山、枪支、帐篷等显得尤为兴奋，你当军人、我做护士，玩得不亦乐乎。可到了学期末，幼儿在野战区游戏时不一会儿就漫无目的地在战壕和树林里面四处游逛。根据这一现象，我们在反思环节进行了分组讨论，各小组分别给出了不同答案。有的反映说：野战区的枪太少了，所以玩不起来。"护士长"说：我们只有药箱和担架，玩一会儿就没有意思了。发现了问题所在，红、绿两军纷纷提出了解决方案。幼儿玩了一学期的野战区游戏，对野战区的地形、材料设施都有了一定了解。幼儿能够找出问题所在，也勇于寻找解决方法。

精彩回放

这次，小朋友们主动丰富了游戏材料，想玩枪的带来了自己的枪，"护士"带来了医疗设备。果不其然，有了丰富的材料，小朋友们的游戏热情持续高涨。这边山头上两军激烈地相互扫射，"哒哒哒"的枪声响遍整个野战区。有意思的是小军人们都在喊："我打到你了，你该中枪了。"可是，却无一人受伤去医院救治。那边医生有了各种医疗器械的加入，看到没有伤员来治病，就自顾自地在帐篷里玩起了游戏。这样持续了半个小时左右，小朋友们的游戏热情也慢慢退却了，只有零星几个幼儿还在跑来跑去。

回到教室反思时，我与"护士长"交谈："这次你们的医疗设备增添了不少，可是怎么一个病人都没有呢？"护士们都指责道："他们军人都没有受伤的，我们怎么给他们治病呢？"听到了护士们的指责后，小军人们展开了讨论，两军队长达成协议，无论哪军队

利津户外游戏

员有受伤的,一定要去医院救治好,才能再次投入战场。解决了没有伤员的问题,我为幼儿播放小朋友在野战区作战混乱的视频,小朋友观看后也知道了问题所在。但是,他们交流讨论后并没有给出很好的解决办法。在小朋友们一筹莫展时,我和孩子们再次观看了电影《小兵张嘎》中的精彩片段。通过观看电影,孩子们的思路变得开阔起来,在交流讨论中明确了各自的职责所在,为野战区增添了地形作战图和望远镜等设备。

再次进入野战区游戏时,伟泽和一铭小朋友作为红绿两军队长,佩戴望远镜,拿着路线图进行指挥(图32-1)。只见伟泽小声地对鑫鹏说:"快跟我上碉堡!"很快碉堡上便隐藏了两个狙击手。看绿军们谨慎的样子(图32-2),红军小朋友马上将战况传递给了队长。一铭神色凝重地想了想,说道:"让红军小心埋伏在战壕里。"(图32-3)这时只见绿军的泊程和海嘉兴奋地把新增添的沙包当作坦克的炸药,对红军进行大规模打击,两人嘴中时不时发出乒乒乓乓的爆炸声,看我们的大坦克把你们全部消灭!红军看到绿军嚣张神气的样子也不甘示弱,把沙包当作手榴弹扔向了绿军(图32-4)。有了队长做指挥,小军人们灵活利用现场地形作战,解决了上次游戏场面混乱的问题。现在的"医院"里陆续有伤员来接受治疗了(图32-5)。军人受伤情形严重时,会有战地护士抬担架前去接应。小军人和护士们越来越多的互动,让两军明白了医院的重要

图32-1 野战区地形图

图32-2 幼儿隐藏在碉堡上射击

二、表现性游戏

性。两军都增派了人手保护医院,因为,时不时会有敌军偷袭医院。现在的野战区不光材料丰富了,游戏情节也丰富了。两军不断发起一次次进攻,在野战区玩得不亦乐乎(图32-6)。直到游戏时间结束了,大家还都意犹未尽,期待下一次野战区游戏能快快到来。

图32-3　幼儿埋伏在战壕中作战

图32-4　幼儿把沙包当作坦克的炸药

图32-5　护士正在为伤员打针

图32-6　绿军向红军发起总攻

利津户外游戏

洞察秋毫

1. 播放游戏视频,回顾游戏过程。发挥反思的作用,提高幼儿发现问题、解决问题的能力。教师借助反思,引导幼儿梳理出"枪、医疗器械少"是第一次野战游戏无法很好开展的关键。于是幼儿提议增添游戏材料。第二次游戏中,幼儿带来的玩具枪和医疗器械太多,恰恰导致幼儿在游戏中只顾一味地双军对打,护士们只顾玩医疗器械,场面一度混乱。在反思过程中,教师引导幼儿寻找问题根源。幼儿发现一味地增添游戏材料,并不能解决问题。于是,幼儿撤去过多的游戏材料,让游戏得以有序开展。

2. 观看经典抗战影片,丰富幼儿的游戏经验,引导幼儿明确角色认知和角色分配。游戏过程中,小军人只顾一味双军对打,小护士只玩医院游戏,双方毫无联系,游戏场面混乱。只是丰富游戏材料并不能满足幼儿的游戏兴趣和活动需要。幼儿在反思讨论中商讨不出更好的解决方案时,教师敏锐地觉察到角色游戏是幼儿对现实生活一种积极主动的再现活动,而今天的幼儿生活在和平年代,对战争的相关经验相对匮乏。适时播放了《小兵张嘎》《闪闪的红星》等适合幼儿观看的经典影片,丰富幼儿的战争经验,明确了角色认知和职责,开阔了游戏思路,丰富了游戏情节,使游戏变得更加有趣。

(张 禹)

二、表现性游戏

33. 战地医院故事多（大班）
——有效迁移生活经验，推进游戏情节发展

追根溯源

充满趣味的野战区是幼儿百玩不厌的户外区域，而大班幼儿积累的社会经验逐渐丰富，他们的角色游戏具有一定的目的性，能够丰富和加深游戏情节的发展并且能够集中在角色行为是否合乎"规则"，但新投入的材料吸引了幼儿并转移了他们的注意力。这一次，战地医院里新投放了医药箱，"医生""护士"一会儿拿起"听诊器"在耳边听听，一会儿拿起吊针瓶晃来晃去，摆弄着医药箱里的医疗器械，仿佛听不到"伤员"的呼喊……

精彩回放

阳阳的腿在战斗中受伤了，他跛着腿单脚往前跳。旁边的浩浩忙扶着他，来到"战地医院"，大声喊："快来人，有人受伤了！"他一连喊了三遍，可是没有人理他；宇宇的脚也受伤了，他不知从哪里找了一块白布条，自己笨手笨脚地往脚上缠。

这时候阳阳大叫起来："医生，我的腿都快断了，你怎么不来给我治疗？"美涵很不情愿地拿着绷带走了过来，抱起阳阳的腿就开始缠绷带。阳阳气得大叫起来："我伤的是这条腿，这条腿！"美涵很不高兴地扔下绷带转身走了。"护士"可可走了过来，抓起阳阳的胳膊就要打针，阳阳大声喊："我的绷带还没有缠好呢！"可可匆匆忙忙缠了两圈绷带说："好了。"说完转身又去玩她的医疗器械（图 33-1，图 33-2）。

"伤员们"一看"医生""护士"都不理他们，一个个从地上爬起来，又投入到战斗中。

教师在反思环节通过播放视频再现了游戏场景，引导孩子们讨论：如何做一名合格的医护人员？孩子们纷纷说了自己生病时，医生是如何为自己检查身体、打针、开药

利津户外游戏

图 33-1　美涵扔下绷带走了　　图 33-2　可可要给阳阳打针

等。然后,教师又通过让幼儿观看医生、护士的工作视频,使他们进一步明确医生、护士的职责。

再次游戏时,美涵依旧选择了做"主治医生",可可护士长也忙个不停:"拿药""拿镊子""包扎""打吊瓶"……这时,龙浩匆匆忙忙地跑来说:"医生,龙泽受伤了,很严重,快去给他治疗吧。"美涵大声对可可说:"护士长,药箱,马上出发!"可可紧跟美涵往外跑。

图 33-3　美涵救治龙泽

他们跑到龙泽面前,美涵蹲下来,双手交叉,按在龙泽胸口轻轻按压,然后拿出听诊器,有模有样地听了一会儿。可可也没闲着,一会儿消毒,一会儿包扎,两人忙得不可开交。经过一番抢救,美涵拿出听诊器听了听说:"总算有了心跳,用担架小心抬回医院吧!"(图 33-3)已经等待多时的浩浩和阳阳,赶紧把龙泽扶上担架,小心翼翼地抬起担架往医院走去,美涵和可可跟在担架两边,一边走一边说:"小心点,别把伤员碰着了。"

二、表现性游戏

摇摇晃晃地走了一段时间以后,浩浩和阳阳走得越来越慢。可可说:"怎么回事?怎么走得慢了?伤员还等着回去住院呢!"浩浩气喘吁吁地说:"龙泽太沉了,我都要抬不动了。"可可说:"病人还得赶回医院打针呢,不能耽误时间,你帮我提着药箱,我来抬他吧!"于是,两人交换了位置,队伍继续前行(图33-4、图33-5)。

图33-4 浩浩累得抬不动担架了　　图33-5 可可和浩浩交换位置

从"战场"到"医院"的路途颇为艰险。他们摇摇晃晃地走在轮胎桥上,好几次险些把"伤员"摔下来。龙泽始终双眼紧闭、紧咬嘴唇、皱着眉头,一动不动地配合着(图33-6)。

终于安全到达"战地医院","医生""护士"迅速进入抢救状态,美涵先是拿出手电筒翻看"伤员"的眼睛,用手轻拍着"伤员"的脸问:"你能听得见我说话吗?""伤员"闭着眼睛点点头。"一会儿我给你检查身体,感到疼你就皱一下眉头!"说完就用手开始在

图33-6 可可摇摇晃晃地走在轮胎桥上

"伤员"身上从上往下按压、拍打,捏捏胳膊,敲敲腿,边做边问:"这儿疼吗?这儿呢?"龙泽也配合着一会儿皱一下眉头。"医生"检查完后对身边的"护士"说:"应该是伤着骨头了,千万别再动他,先给他量个体温,看看有没有发烧?再给他……给他补充点液体,我去拿工具给他治疗。"可可"护士"按"医生"的嘱咐,迅速拿来温度计,还贴心地用

> 利津户外游戏

毛巾给伤员擦手擦脸，用奶瓶往伤员嘴巴里滴几滴水，把伤员照顾得无微不至。虽然"战地医院"里不停有"伤员"进进出出，但是他们各司其职，完美地演绎着他们自己的角色。

洞察秋毫

1. 有效迁移生活经验，提高幼儿角色意识。教师及时组织幼儿反思讨论第一次游戏中孩子们的表现，帮助幼儿梳理生活经验，引导幼儿将生活经验迁移到角色游戏中，模仿并创造性地进行游戏。再次游戏时，当需要医生护士出诊时，他们采取了积极应对方案，说明他们明确了医生护士的基本职责；当抬担架的浩浩坚持不住的时候，可可主动提出承担担架员的角色；游戏中的小"伤员"，在被送往医院的途中，几次差点从担架上摔下来，但他始终完美地演绎着一个"伤员"的角色，可见幼儿的角色意识有了明显的提升。

2. 试探性投放新材料，引发并推动幼儿游戏的发展。大班初期的幼儿社会经验更加丰富，教师根据幼儿游戏情节的需要试探性投放的担架、绷带、体温表等新材料，激发了幼儿主动探究的欲望，引发更多的游戏内容和情节。

3. 帮助幼儿拓展思路，发展游戏新情节。教师有一双善于发现的眼睛，关注幼儿的兴趣点，深化游戏主题。如：幼儿在给"伤员"医治的过程中，对"药品"产生了浓厚的兴趣，为了满足孩子们的需求，在游戏中投放多种材料，设立"制药室"制作"药品"，然后投入到"战地医院"，拓展了幼儿思路，推动游戏情节和内容的发展。

（门海燕）

二、表现性游戏

34. 保卫家园(中班)
——在情景游戏中激发幼儿的合作意识

追根溯源

中班幼儿在玩投掷游戏中,动作的协调性和灵活性已经有了一定的提高。在户外大型自制弹弓游戏中(图34-1、图34-2),有一定的力量和耐力来拉开弹弓将目标发射出去,并能够在运动时主动躲避危险物体。幼儿经过一段时间的单一型目标投掷练习之后,开始按照自己的想法自主选择辅助性材料进行游戏。在第二次游戏过程中,幼儿借助前期游戏经验,通过自由组合,分组规划讨论,设计出了"保卫家园"游戏规划图,新规则和新材料的加入,开启了幼儿在情景游戏中与同伴合作游戏的华丽篇章。

图34-1　V型弹弓　　　　图34-2　U型弹弓

利津户外游戏

精彩回放

图 34-3　第一次游戏规划图

户外游戏时间,投掷区的孩子们一进入活动场地,就有序地按照游戏前的规划进行分组游戏(图 34-3),只见 U 形弹弓旁,雨萱抱着雨欣的腰和她一块儿拉开了弹弓,悠悠和依然则负责捡球,或将被击中的纸箱整理好(图 34-4)。小男孩组也按照自己的规划进行游戏,可是不一会儿,就听到了争吵声,泊程说:"哎,你干什么?我还没有回去呢,你怎么就开始发射了?"嘉诚说:"不是一人一次吗?你怎么打了两个沙包出来?"……状况百出,沙包、小皮球、篮球、流星球满天乱飞,跑来跑去捡球的,手忙脚乱摆道具的,还有偷偷趁机插队投掷两下过过瘾的(图 34-5)。

图 34-4　小女孩组按规划进行游戏　　图 34-5　小男孩组游戏出现"混乱"

一时间游戏场面混乱起来,就在我想介入时,泊程大喊到:"停停停,游戏暂停,中场休息。"女孩们听到了大喊声也停了下来,小雨问雨萱:"咱们也中场休息吗?"雨萱扬了扬手说到:"中场休息,集合。"看到这种情况,我又默默退回到了一边。只见泊程说:"我们这样弄不行,太乱了,你看小女孩玩得好。"嘉诚说:"不是说好要排队吗?一个投

二、表现性游戏

完一个投,育博老是打到我的头上。"育博忙辩解:"谁叫你跑得那么慢,我都要开始发射了,你的沙包还没有捡回来呢。"孩子们叽叽喳喳争吵着,只见泊程跑到小女孩组问到:"你们怎么玩的?我们玩了一会就乱了,快吵起来了。"雨萱说:"我们就是按照刚开始的规划,一个一个排队来,玩了一会又开始。谁打中了谁就当小组长,负责说预备开始,没有打中的就捡球,摆道具。"泊程又赶紧跑回去向大家介绍自己取得的"经验",育博和嘉诚听完说到:"这样好,那我们就和她们一样玩吧!"最后大家一致决定新的游戏规则:所有的小朋友都要排队轮流投掷,一个打完一个打,打中的就可以发号口令,然后下一个小朋友才能接着打,没有打中的就负责捡球、摆道具,并且还给自己的游戏取了一个名字"保卫家园",原来他们是把球网当作"家园",把旁边的箱子当作障碍物,就这样投掷游戏又开始了(图34-6)。

图34-6 按照新规则进行游戏

第二次游戏时,孩子们兴致勃勃地拿着自己的小组规划图跑向活动场地(图46-7),泊程指挥着大家搭建新的"家园"——城堡和球网,并不时跑来跑去用小沙包进行测试:"太近了,太低了,再远一点,发射的时候要越过它不能碰倒。"雨萱带领着心细的小女孩们,总能在小男孩提出问题以后,及时进行调整(图34-8)。

图34-7 第二次游戏规划图

图34-8 合作搭建"家园"

利津户外游戏

在孩子们有条不紊地操作下,"家园"变得更宽敞了,新一轮的投掷游戏开始了,两架弹弓同时"出击",幼儿手拿自己喜欢的投掷工具有序地排队,一名幼儿投掷结束以后,后面的立刻做好准备;投掷失败的负责捡球,举旗发号指令的幼儿负责查看小朋友是否击中目标;投球进入球网者或越过城堡的视为成功,就可以在下一轮中拿小旗发号指令(图34-9)。孩子们根据自己制定的新游戏规则,配合默契、情绪高涨地进行着合作游戏,并乐在其中(图34-10)。

图34-9　看小旗听指令　　　　图34-10　按照新规则进行游戏

洞察秋毫

1. 发挥同伴互助作用,习得游戏新经验。幼儿在第一次游戏时,泊程发现小组成员发生了"状况",他能够及时暂停游戏并向其他小组"取经",通过学习同伴的成功经验,共同协商制定游戏规则,使得游戏顺利进行。

2. 为幼儿提供丰富的辅助材料,助推游戏情节发展。在第二次游戏前,教师通过分享幼儿前期游戏经验,孩子们通过小组讨论,制定出新的游戏规划,并运用教师提供的多种游戏材料自发生成"保卫家园"的情景游戏。新游戏中,随着投掷者、保卫者、捡球者、举旗发号指令者等一系列角色的不断加入,游戏规则更加完善,原本单一的游戏情节也有了新的发展,游戏变得更加有趣,幼儿的规则意识和解决问题的能力不断加强和提高。

3. 根据幼儿现有水平,为幼儿提供更加丰富的多样化材料,满足不同层次幼儿的

二、表现性游戏

发展需要。大型弹弓需要幼儿动作协调灵敏,手眼配合,并具有一定的力量和耐力才能投掷成功。对于个别幼儿来说,具有一定的挑战性,可以让幼儿运用小时候玩的木质弹弓及用太空泥制作的小球进行室内投掷游戏,尊重幼儿个体差异,为幼儿发展提供有效支持。

(陈 迪)

三、探索性游戏

三、探索性游戏

35. 玩转彩色磙子(中班)
——材料的多样组合激发了幼儿的探究兴趣

追根溯源

中班下学期,孩子能在独立游戏的同时,根据个人需求,积极寻求同伴的合作,解决问题。在游戏过程中,遇到困难,积极动手动脑解决,主动探索不放弃。南攀爬区里,彤彤选择了彩色磙子,她一会儿将磙子当成摇椅,悠闲地坐在上面;一会儿又手脚并用去走磙子中间的梯子。大约十分钟后,她停止了游戏,目光锁定在旁边玩球的泽泽身上(图35-1)。她把磙子滚到正在玩球的泽泽身边,提出了想把球放进磙子里滚起来玩的想法,泽泽开始对她的提议并不感兴趣,推着球跑开了。后来经过进一步的协商,她的想法得到了泽泽的认可,两人合力把大球推到了磙子上,随着磙子的转动,球也跟着在里边滚动起来,两个人高兴地追着磙子跑来跑去。通过几次探索和尝试,彤彤对彩色磙子的特性已有所了解,并开始尝试加入其他滚动的材料探索不同的玩法(图35-2)。

图35-1 彤彤的"休闲摇椅"

图35-2 探索大球和磙子同时滚动

精彩回放

彤彤这次又有了新想法,她尝试着再放一个球进去,让两个球同时在磙子里边转动。于是,她邀请泽泽帮忙,两个人一起合力,把球抬起来,想和另一个球并排放进彩色磙子中间,可是没有成功。彤彤很快发现了问题所在,球太大了,于是她安排泽泽在原地扶住磙子,她要去换一个小一点的球来。一会儿,她就又滚来了一个绿色的球,俩人再次合作,想把球放进去,可是风太大了,她们去抬球的时候,磙子被风吹得滚动起来,彤彤连忙拿了两个跨栏,横放在磙子的两侧,固定磙子的问题迎刃而解,但是,把两个球并排放在磙子中间的想法又一次失败了(图35-3、图35-4)。

图35-3 尝试把大球放进磙子中间

图35-4 再次尝试把大球放进磙子中间

经过两次失败以后,两人得出结论:两个球是无法并排放到磙子中间的,所以放弃了这个玩法,继而再想别的办法。他们搜寻了一圈,发现比这个球小的只有篮球了,于是从篮球框里,抱来两个篮球,看了看,觉得少,又陆续抱来了几个篮球,一个一个放进去,转动磙子,他们在探索,到底几个篮球能够和磙子一起转起来,结果篮球一个一个又都滚了出来,最后只剩下了一个,才顺利地滚动起来(图35-5)。

图35-5 一个篮球在磙子里滚动

三、探索性游戏

这时,彤彤又滚来了大球,只见她把篮球放在大球的前面,小球挡住了大球,两个球同时掉了出来,她又进行了调整,把篮球挪到了大球后面,这样一大一小两个球就顺利地转动起来了(图35-6)。

图35-6 两个球一起滚动最有趣

洞察秋毫

1. 调动已有生活经验进行创造性游戏。孩子们游戏的过程,也是一个调动已有生活经验进行创造性游戏的过程。彤彤想到了把彩色球和磙子放在一起玩的主意,经过和小伙伴协商合作,实现了自己的想法;在之后的游戏探索中,彤彤之所以抱来那么多篮球,是觉得篮球小、磙子大,可以多放几个,经过探索证明只放一个篮球才能滚动起来。通过多次运用各种材料进行尝试,她最终发现还是大塑料球和彩色磙子一起最合拍。孩子的这些想法,在实践和探索过程中得到了验证。对孩子来说经过动手操作得来的知识经验,比老师的任何说教都有意义。

2. 根据幼儿需求提供材料,支持幼儿在亲身操作中建构新经验。在反思分享过程中,彤彤想把两个同样大的大球放进磙子中间的做法,引起了孩子们的争论。为了满足孩子们的探究欲望,我在科学区里投放了PVC管子、网球、乒乓球,让孩子们自己动手操作找答案。通过实验他们理解了:把两个网球并排放进PVC管子的中间是行不通的;把一个网球和一个乒乓球并排放进PVC管子的中间却很轻松。把这种经验迁移到游戏中去,孩子们关于碴子中间放不下两个大球的疑惑也就迎刃而解了(图35-7)。

图 35-7 区角里投放的探索材料

(宋晓芬)

三、探索性游戏

36. "糖果雨"（中班）
——游戏在幼儿的协商中变得丰富有趣

追根溯源

大型木质攀爬设备，对于中班的幼儿来说，既有诱惑又有挑战。孩子们喜欢尝试各种攀爬方式，大部分幼儿能够从绳网、轮胎墙爬到顶端，能力较强的幼儿可以从绳子和攀岩墙爬上去。攀爬设备的下面是一个大沙池，沙池里有大小不一的小石子，孩子们用来当作买餐的"钱币"，有时当作售卖的"鸡腿"和"糖果"（图36-1）。正正和晨晨正是送外卖的快递员，他们喜欢和小伙伴一起玩角色游戏，在游戏中能够互相协商，并进行简单的分工，具有初步的合作意识。

图36-1 大型木质攀爬设备

精彩回放

场景一

户外游戏开始了，晨晨和正正从轮胎墙往上送"外卖"。游戏持续了几分钟，正正

利津户外游戏

说:"我们把小石子从这上边滑下去吧!"正正趴在木门下的地板上,望着倾斜的攀爬墙提议。随后他歪头看着晨晨,晨晨笑着点点头。他们两个你滑一个、我滑一个,一会儿就把小石子全部滑了下去。他们快速地从大滑梯上滑下来,到攀爬墙底部寻找落下的小石子。晨晨一边捡一边说:"我们玩'糖果雨'的游戏好吗?就是一个人在上边滑,一个人在下边接。"正正看着晨晨拍拍手,说:"我先上去滑,你来接好吗?"说完,拿上"糖果"很快爬到了上边。"十,九,八,……二,一!"正正朝着下边的晨晨大喊,接着就把"糖果"从上面滑了下来。晨晨眼睛盯着"糖果",试图用双手接到它。可是晨晨没有接住。正正在上边喊:"不要急,还有机会!"说着又滑下一粒"糖果",晨晨还是没接住。"糖果"很快又没了,他俩又滑下来寻找糖果(图36-2)。

图36-2 两人玩游戏

场景二

这时,一直在一旁观望的聪聪被游戏吸引了过来,他帮助晨晨捡"糖果",问:"晨晨,你们在玩什么?""糖果雨啊,可好玩了!"晨晨兴奋地说,"就是一个人从上边滑,一个人从下边接。"他手指着攀爬墙说。"那我能和你们一起玩吗?"聪聪提出请求(图36-3)。晨晨点点头说:"那你和我在这里接'糖果'吧!"正正从上面问:"准备好了吗?"正正往下滑了两块"糖果",聪聪和晨晨都没接着。晨晨对聪聪说:"聪聪,你站在那边,我站在这边,你接那边的,我接这边的。"聪聪点点头。可是,"糖果"并不像想象的那样直直往下落,而是一会滑到这边,一会儿滑到那边,聪聪只好来回移动,正好碰倒了晨晨。晨晨生气地说:"你不是在那边嘛!"聪聪回答道:"可是这个小石子在动啊!"两个人争吵了起来。我走过去,没等我开口晨晨就告状:"老师,我让聪聪在那边,他还是到我这边来,他不遵守规则!"我看了看聪聪,又看了看正正说:"让我来试试好

154

三、探索性游戏

吗?"我故意调整位置,用手对齐正正的方向比了比,说:"好了!"正正高兴地滑下一粒"糖果",我却没接住。我自言自语:"明明很对齐啊?"聪聪说:"老师,小石子会动,你得来回移动接!"晨晨说:"眼睛看着,它到哪里就到哪里接。"我佯装恍然大悟,又问:"'糖果'为什么不会直着落下来呢?"晨晨和聪聪总结出"糖果"遇到攀岩石会改变方向。我提议他们一起商量用什么东西来接最有可能接住"糖果"。他们从沙池里找来了小桶,双手拿住试了试,充满了信心(图36-4)。正正说:"那我上去滑,你们来接吧!"晨晨反对说:"刚才你不是已经玩过了吗?要轮流玩!"晨晨爬到上边滑,正正和聪聪在下边接。聪聪眼睛盯着"糖果",来回移动,终于接到了一个。他高兴地又蹦又跳,对着晨晨大喊:"我接到一个!"

图36-3 聪聪加入游戏

图36-4 用小桶接"糖果"

场景三

聪聪也想体验滑"糖果",两个人滑,一个人接,正正大声喊:"不行,太快了,慢点慢点!""糖果雨"下了一阵儿,正正一个都没接到。正正说:"接的人少,这样不公平!"聪聪想了一会儿,说:"我有一个好办法!你把小桶放在地上,你也上来吧。"于是,正正把三个小桶放在了攀爬设备底端的沙池里,还把小桶之间的距离调了调,小桶均匀地摆好了。三个人开始下"糖果雨"了,一个,两个,小石子并没有滑到小桶里。正正在小桶之间来回踱步,他请慧慧帮忙找来了几个小桶,补到空隙中,使小桶一个挨一个(图36-5)。又一阵"糖果"来了,数一数接到的"糖果"并不多。反复几次,晨晨把正正叫过来说:"小桶不会动,接不住。我们还是把小桶拿起来吧,这样就能接到很多了。"正正拿起一个小桶,又蹲下捡起一个小桶,左手一个,右手一个,准备接"糖果"。晨晨也学着正正拿了两个小桶,果然两个小桶接的就多了(图36-6)。慧慧等几个小朋友也开心地加入了"糖果雨"的游戏。一下午的时间,上边的滑,下边的接,玩得不亦乐乎。孩子们在爬上爬下、你滑我接的过程中,感受着"糖果雨"游戏带来的快乐。

图36-5 "糖果雨"游戏

图36-6 用两个小桶接"糖果"

三、探索性游戏

洞察秋毫

1. 引导幼儿在探究中思考,总结归纳出各种接"糖果雨"的方法。晨晨和正正提出玩"糖果雨"的想法,对接"糖果"产生了强烈的探究兴趣。刚开始,他们由于空间的感知不准确,没有能够接住"糖果"。但是他们兴趣浓厚,通过一次一次的操作,仔细观察石子的滚动方向和路线,加强了对空间的感知和判断。比一比数量的多少,看看哪个方法更合适,终于接住了"糖果",体验了成功的快乐。

2. 鼓励幼儿在游戏中自主决定,互相协商。晨晨和正正两人一起商量游戏的玩法,进行了简单的分工,玩起了一对一的游戏。当别的小朋友要求加入时,他们能够欣然接受伙伴,并提出游戏要求。遇到冲突时,能够听取他人意见,不断进行自我调整,让游戏在协商中不断丰富,习得了与小伙伴交往的正确方法。

3. 支持和鼓励幼儿自发的探究活动,真诚地接纳幼儿自发的游戏。教师发现晨晨和正正用小石子玩"糖果雨"游戏时,进行了重点关注,支持幼儿以物代物的游戏行为,为孩子提供小桶等辅助材料,丰富幼儿的游戏内容,并在晨晨和聪聪发生争执时,以玩伴的身份加入,引导幼儿说出自己的想法并能够悦纳他人。

(陈军军)

利津户外游戏

37. 水去哪儿了（小班）
——在与同伴的交往和互动中获取经验

追根溯源

玩沙是孩子们最喜欢的游戏之一，游戏初期孩子们在沙池里挖地道、寻宝，以挖沙、装沙为主，在这方小天地里，孩子们尽情地释放天性。进入小班下学期，孩子们对玩沙游戏已经积累了一定的经验，随着游戏的不断深入，他们开始能根据兴趣选择自己的游戏，借助一些有趣的探究工具，比如沙漏、玩具车等，积极探究沙水区里有趣新奇的现象，尝试与同伴一起在游戏中探究问题、寻求答案，在不断的探索中习得经验。

精彩回放

海沙池里，君诺对诗雅说："我们一起来'做饭'吧。""好吧。"诗雅一口答应。只见君诺在沙池里挖了一个坑，边挖边说："我先把'锅'做好。"（图37-1）"那我来准备'饭菜'。"诗雅边说边在一旁忙活着备菜、备饭，"做饭要往锅里放水，我去找水。"诗雅提着小桶跑到水管那里接了小半桶水，跑回来倒进"锅"里，水在"锅"里转着圈，很快就装满了。她开心地叫着："可以'做饭'了！"（图37-2）可是沙坑里的水却迅速在减少，不一会儿水就不见了！她有点不敢相信地看了看"锅"里，转身又去接水往里倒。这时，君诺站起来指着旁边的土堆说："诗雅，这些沙子和那边的土是不一样的，你看那边的土就能存水。"君诺想给她解释一下，可诗雅并没有回应，而是自己到旁边动手重新挖了一个坑（图37-3），又去接了半桶水倒了进去，结果水还是转瞬即逝（图37-4）。

三、探索性游戏

图 37-1　君诺挖坑做"锅"

图 37-2　诗雅"煮饭"

图 37-3　诗雅重新挖坑做"锅"

图 37-4　水转瞬即逝

诗雅把我拉到她的"锅"旁疑惑地问:"老师,为什么这里面没法存水啊?"我也面露难色,说:"老师也不知道呢,我们一起来试着寻找答案可以吗?"诗雅想了一下,很认真地对我说:"老师,是不是我接的水太少啊?再多接一些试试吧。"这次她接了满满一桶水,吃力地提过去倒进"锅"里,水倒下去后又没了,她转身又继续接水倒水。这时,君诺走过来了,他拿着小铲子在诗雅的"锅"里一直往下挖,想要找到水,挖了半天也没挖到,"水都没了,一点儿也没有了。"诗雅这时又往里面倒了满满一桶水,眼看又要没了。这时,君诺看着水着急地说:"哎呀,没了,没了,又没了。"诗雅则失望地一屁股坐到沙池里,托着腮,仿佛在思考着什么。

试验失败的诗雅这次改变了方法,她把小桶当作"锅",把沙子装进小桶后再去接水,这次的水没有消失,诗雅特别兴奋地说:"哈哈,终于可以'做饭'了。"她拿着小铲子在小桶里不停地搅拌,边搅边往桶里一点点地放沙子,"老师,你饿不饿,我在熬稀饭

利津户外游戏

呢,等会儿请你吃!"我摸了摸肚子对她说:"我太饿了,稀饭吃不饱,你做米饭给我吃,好不好?""米饭里面不能有这么多水啊。"我补充说。诗雅点点头,开始往小桶里一点一点放沙子(图37-5),这时君诺递给她一满碗沙子,说:"你多放点沙子,水就没了。"诗雅把沙子一股脑全倒了进去,还是有水,她继续一点一点往桶里放沙子,眼看小桶里面沙子都快满了,水还有。诗雅说:"是不是因为这些沙子是湿的,所以桶里面的水就不会干了。"那怎么办呢?君诺提议说:"诗雅,我们去拿一些干沙子再试一试吧!"结果水真的变没了(图37-6)。

图37-5 诗雅做"米饭"

图37-6 诗雅和君诺放干沙子,发现水很快没了

洞察秋毫

1. 分享发现水不见了的有趣现象,肯定幼儿的学习行为。通过"诗雅发现水不见了"的视频分享,引导幼儿了解:沙子之间有很多的缝隙,把水倒进去后,水就从这些缝隙里"溜"走了;发现干沙能让水桶里的水"消失"得更快。及时肯定幼儿积极主动寻求解决问题的行为,鼓励幼儿在游戏中主动探究和学习。

2. 教师参与探究沙子的特性的探究过程,顺势推动游戏情节发展。在游戏过程中,幼儿寻求教师帮助,想知道"水没了"的原因。教师没有直接告诉幼儿答案,而是和幼儿一起寻找原因,从而推动幼儿积极动脑筋想办法。通过教师想吃"米饭"的提议,推进幼儿发现干沙和湿沙的区别,在探究过程中认识了沙的特性,激发了幼儿科学探究的兴趣。

3. 提供多种辅助材料,如沙、水、手绢、鹅卵石和海绵等材料,投入到科学区,鼓励幼儿自己动手操作体验,激发幼儿深入探究的兴趣。

（张芳芳）

38. 甜甜的"冰激凌"(小班)
——投放新材料,推动幼儿游戏发展

追根溯源

小班幼儿对好玩的沙子充满浓厚的兴趣,他们在玩沙的过程中不断地探索,在观察、比较、交流中感知沙的基本特征。可是以往的海沙池游戏材料仅限于铲子、小桶等常规材料(图38-1),材料的种类和数量缺少可变性和多样性,幼儿每天重复相同的动作,导致部分幼儿经常游离于游戏之外,那么怎样才能提高幼儿的游戏持久性和趣味性呢?为此我们做了思考和规划——投放新材料:废旧纸杯、饮料瓶、沙漏和厨房用具等,推动幼儿游戏的发展(图38-2)。

图 38-1　海沙池常规材料　　　　图 38-2　厨房用具材料

精彩回放

新材料的投入吸引了孩子们的眼球,津硕迫不及待地拿起沙漏开始了工作。他把

三、探索性游戏

沙挖进沙漏,然后用力地拍打,嘴巴里发出"叭叭叭"的声音(图38-3)。"你要轻轻拍,要不会把沙漏拍坏的。"佳硕提醒道。"我要做一个甜甜的'冰激凌',可是沙子流不下去!"津硕解释。

图38-3 津硕拍打沙漏

图38-4 津硕用手戳沙漏

"为什么沙子不流下去呢?我们一起来想办法。"佳硕歪着头沉思了一会儿说。佳硕拿起沙漏看了看,疑惑地说:"玩具没坏呀,怎么会不流下去!要不我们换个地方试试吧!"

他们拿起沙漏走到旁边,又重新把沙子挖进沙漏,可沙子还是流不下去,津硕自言自语地说:"还是不行。"接着又拍打沙漏。"不能用力拍!"佳硕连忙制止。"可还是流不下去!"津硕着急了。佳硕仔细地观察了一番说:"噢,原来沙子堵住了,你戳戳吧。"津硕顺从地用指头戳了戳,可是并没有出现期待的结果(图38-4)。

佳硕歪着头想了想说:"是不是沙子太湿了,我们找点干沙吧。"他们一起来到干沙区,再次把沙挖进沙漏,这时沙子哗哗地流了下来,他们高兴地大叫:"流下来了!流下来了!"(图38-5)"我终于可以做'冰激凌'了。"津硕兴奋地说。接下来他们沉浸在做"冰激凌"、卖"冰激凌"的游戏中(图38-6)。

利津户外游戏

图 38-5　津硕找到可以畅流的沙子　　图 38-6　好朋友一起做"冰激凌"

在兜售"冰激凌"的过程中佳硕发现了海沙池一角的小厨房，于是向津硕提议："我们到厨房里做'冰激凌'吧。""好的。"他们一起兴奋地跑向小厨房。只见他们把沙挖进锅里兴奋地翻炒，完全忘记了做"冰激凌"这事情，于是我来到小厨房前对他们说："我想买'冰激凌'。""好的，你等着。"津硕熟练地把沙子装进沙漏，接满一杯，然后把模具中的沙倒扣在手中说："给你'冰激凌'。"（图 38-7）"咦！'冰激凌'哪儿去了？"津硕摸了摸头，不好意思地说："模具只有一个，我还要做'冰激凌'呢。""那你也不能卖给我一个烂的，给我做个漂亮的吧。""那好吧。"他接着又开始了做"冰激凌"的工作，可是几次做出的"冰激凌"都不成型。津硕看了看说："沙子太干了，我去弄点水。"说完他用模具接来水，然后再放进沙子，但是沙子太湿，粘到模具上了。于是，他又掺上干沙，可是由于干、湿沙掺和不均匀，还是没有成功。"这是怎么回事？"津硕又犯起了疑惑。旁边的小米一起出谋划策，说："你用小棒搅拌一下，然后再压压就行了。"津硕按照小米的方法进行了搅拌、压实，可还是没有成功。"是不是模具太小了，掺不均匀？"津硕自言自语道。接着，他们把水倒进锅里，又倒进干沙进行搅拌，再盛入模具，然后找来平整的大餐盘盛放，经过反复尝试终于做出了漂亮的"冰激凌"。我有滋有味地"吃"着"冰激凌"，并对他们的"冰激凌"赞不绝口。我的参与也带动了更多的幼儿前来购买，小厨房前热闹起来了（图 38-8）。

三、探索性游戏

图38-7 津硕在厨房做"冰激凌"

图38-8 小厨房里幼儿间的互动

洞察秋毫

1. 提供多样性的辅助材料，推动游戏的发展。在玩沙游戏中，当幼儿只是重复地挖沙和铲沙的时候，沙漏、模具和厨房用具以及废旧材料塑料杯、可乐瓶、纸杯等的出现吸引了孩子们，津硕以物代物用沙漏做冰激凌机、用塑料杯做冰激凌杯托，把做冰激凌的生活情境再现，生发了"甜甜的冰激凌"游戏，同时带动多人加入到做冰激凌的游戏中，让原本枯燥的游戏有了生命。

2. 在室内创设玩沙区，继续给幼儿提供探索的机会。在做"冰激凌"的过程中，津硕由于干、湿沙的特性问题，游戏多次陷入困境，但他并没有放弃，而是在同伴的帮助下，经过多次探索后最终做出了形状漂亮的"冰激凌"。游戏后，教师及时运用视频进行分析反思，帮助幼儿梳理提升游戏经验，通过交流分享，幼儿了解了干沙和湿沙因为特性不同，所以作用也不相同。为了让幼儿更好地体验干沙的流动性和湿沙的可塑性，我们在室内创设了玩沙区，继续给幼儿提供探索的机会。

3. 丰富生活经验，有效助推游戏情节的发展。"甜甜的冰激凌"是津硕根据自己的生活经验，通过想象自发生成的游戏，我们应该有意识地引导幼儿关注周围社会生活，然后把积累的生活经验迁移到游戏中。如继"甜甜的冰激凌"之后，我们把握幼儿的最近发展区，引导幼儿有意识地去关注商店中售货员、糕点师、外卖员等一系列角色及其分工，助推游戏情节的发展，体验集体游戏的快乐。

（高利梅）

利津户外游戏

39. 开心快乐的小司机（中班）
——不断探索让幼儿体验到游戏的快乐

追根溯源

建构区中形状不一的积木，激发了幼儿的无限创意，幼儿用它们搭建幼儿园、动物园、轮船、汽车、冰激凌店、大桥等等。

今天孩子们像往常一样相互配合，搭建了一座座高低起伏、错综复杂的大桥（图39-1），桥的落成引发了孩子们新的兴趣，他们通过选择不同形状的积木尝试在桥面玩"开车"的游戏（图39-2），在玩的过程中相互模仿、学习、挑战，引发游戏不断升级（图39-3）。

图39-1 孩子们在搭建大桥

图39-2 梓航尝试让小车下坡

图39-3 铭熙选择不同积木尝试"开车"游戏

三、探索性游戏

精彩回放

梓晨察看了搭建好的桥之后,找来一块长方体积木做"车","车"通过桥面爬上斜坡后滑下坡面(图39-4)。当他把车开到第二个斜坡时,把"车"放稳用手一推,"小车"自己滑下了坡。反复几次后他又回到材料橱,只见他拿回一个半圆形积木做"车",这次"小车"行驶到一个相对平缓的斜坡,他松开手轻轻一推,这辆新"车"只往前走了一点,再用力一推就发生了侧翻。梓晨拿起"小车"若有所思地查看后又回到了材料橱,经过仔细挑选他拿着空心圆积木又回到了刚刚的斜坡,把它小心地摆放在桥面中间,用手扶着,待准备就绪手一松,"车"唰的一下就跑了出去(图39-5)。梓晨开心地边笑边拍起了手。在一旁观看的濡铭也喜上眉梢(图39-6),赶紧跑到材料橱拿回一个实心圆积木,往桥上一放,好像想起了什么,就又跑回材料橱,这次没立刻回来,而是拿起

图39-4 梓晨的"小车"滑下斜坡

图39-5 梓晨的空心圆形"小车"下坡成功

图39-6 濡铭等小朋友在观看梓晨开车

利津户外游戏

两个空心圆积木,不时回头打量梓晨的空心圆积木,然后反复对比后拿着一个和梓晨手上的积木一样大小的空心圆积木,回来加入到了"小司机"行列。

在梓晨带领下,行驶中的"车"越来越多。雨泽的小车很快就把舒航的小车撞下桥,舒航不开心地说:"你的车把我的撞倒了。"雨泽说:"哼,那是你的开车技术不行,怨得了谁?"梓晨见状说:"哎,要不然咱们都来比比看谁的开车技术棒?"大家都觉得这个主意不错,孩子们自由选择站在了桥的两头。这时,梓晨主动站出来说:"我来做裁判。"逸然说:"那怎么算赢呢?"梓晨说:"谁把别人的车先撞下去谁就赢。"孩子们都说:"好。"第一组是濡铭和雨泽(图39-7),梓晨一声令下:"预备——发射!"两名选手使劲一推,两辆小车出发了。"嘭!"濡铭的小车先被撞了下去。梓晨赶紧举起雨泽的手说:"雨泽赢!"第二组是梓航和铭熙。梓航看了看,站在桥后两手扶"车",还用眼睛进行瞄准。铭熙见状也仔细看了看车和桥,调整了站位和姿势。裁判一声令下,小车飞速驶出。"嘭!"铭熙的小车先应声落地,梓晨兴奋地说:"梓航赢!"接下来是逸然和舒航(图39-8),两人准备好了之后,裁判一声令下,舒航的小车出发了,逸然的车却没动。裁判立刻说:"舒航赢!"逸然用眼睛瞟了瞟我说:"我还没出发,他不算赢。"这时我问:"你们是怎么玩的?怎样才算赢?"梓晨抢着说:"裁判说'开始',就一起出发,谁把对方先撞下去就算赢。"逸然:"可是,我没听见你说开始,没出发啊!"梓晨:"那好,再来一次。"比赛接二连三地进行着。观战已久的景硕也跃跃欲试,他搬来几根长短不一样的圆柱依次摆在桥头(图39-9),大声说:"谁能把柱子撞倒才叫大赢家。"濡铭说:"我来试试。"只见濡铭卯足了劲往前一推,车子就"嗖"地跑了出去,瞬间就把第一根柱子撞倒了。接下来的小车都只撞倒了一根。我和孩子们一起在想为什么只能撞倒一根?濡铭说:"两根柱子之间隔得太远。"雨泽说:"要用同样高的柱子。"明熙说:"可以把圆柱体换成

图39-7　雨泽、濡铭在比赛　　　　图39-8　裁判宣布舒航胜利

三、探索性游戏

图 39-9　濡铭在进行各种尝试

长方体。"逸然说:"柱子太沉,换轻一点的柱子。"我说:"咱们游戏时试一试,看看怎样更好玩。"景硕说:"对,我们都试试看。"接下来孩子们用的是长方体,并且调整了间距,铭熙的小车撞倒了第一根柱子的瞬间把第二根也撞倒了。大家几番尝试后,撞倒了三根柱子的濡铭成为最终赢家。

洞察秋毫

1. 创设宽松的氛围,留给幼儿尝试与探索的空间。在游戏中,幼儿对长方体、半圆形、空心圆积木等材料进行多次选择、尝试时,教师持续关注却未加干预。这种宽松的氛围,让幼儿专注地探索斜面的坡度、光滑程度与下滑速度的相互关系,初步感知物体移动的速度与坡度大小、发力大小等因素有关。

2. 适时介入,鼓励幼儿用自己的方式解决问题。在双人驾车 PK 中,逸然由于对胜负持有质疑,用眼神询问老师比赛的公正性,教师则把问题交给了裁判梓晨和比赛当事人,启发幼儿自己回忆比赛规则,并寻找解决途径。梓晨能把伙伴间的矛盾化解,体现了他处理同伴关系时的交往机智,承担裁判则体现了他的领导能力。当连续几次只撞倒一根柱子时,教师和孩子们及时分析游戏中的问题,发现撞倒的根数与两个积木之间的距离、积木的形状以及高度有关。于是,孩子们不断调整距离,更换不同形状、不同高度的积木,最终获得成功,使得游戏不断深入。

(刘丙垒)

利津户外游戏

40. 搭高楼（中班）
——幼儿在游戏中主动解决问题的能力

追根溯源

亦辰小朋友善于动脑思考，具有一定的想象力和动手操作能力，善于表达自己的想法，平时有自己的固定玩伴——德昱小朋友。这次搭建活动是结合主题"我的家"进行的。孩子们对"自己的家"前期有了一定的了解和规划，但搭建技能比较缺乏，比如说围合、镂空、叠加等搭建方式还不能熟练运用，这就需要在后期不断积累和学习。

精彩回放

亦辰和德昱这两个好朋友在建构区搭建他们心目中的家，他俩选择了其他人不太喜欢用的中间有孔的圆形积木，他们在搭建前先考虑选择造房子的地方，刚开始选择了一个比较宽敞的地方，人少没那么拥挤。但他们很快发现一个问题就是离存放积木的架子太远，不方便。于是奕辰说："我们得换一个距离架子比较近的地方盖房子才好。"于是就又重新选定了一处距离架子近一些的地方开始了他们的搭建活动。他们先把圆形的积木摆在地上，垒上两三个，然后在中间的圆孔位置放入圆柱形的积木，圆柱形积木正好塞到圆孔中，放进去的一刹那，奕辰和德昱你看看我，我看看你，高兴得拍手跳了起来，"太好玩了，放进去了！"然后又不断往上叠加，在圆柱形积木上套上环形积木，垒到五、六层时，他们用手推了推，德昱点了点头说："嗯嗯，还挺结实呢！"他们尝试了之后就觉得这样做又好玩又坚固（图40-1）。于是他们就继续往上叠加，在垒的过程中出现了一个小问题，就是有一个圆柱形的积木老是卡在圆形的积木上，歪在那个地方放不进去。这时，奕辰沉思了片刻，对一旁的德昱说："你帮我拿块长点的积木来吧！"于是德昱就找来一块长条形的木板，奕辰举起积木朝那块卡住的积木砸了过去（图40-2）。

三、探索性游戏

图40-1 高楼雏形

图40-2 积木被卡住,亦辰试图砸下去

刚开始没有成功,我提示他们,可以重新调整一下积木,怎样才能把卡住的积木弄下来呢?只见他搬起积木用力往地上一摔,积木还是没有掉下来(图40-3)。接着他又拿来一块长条形的积木,亦辰说:"快帮忙呀,你!""德昱,你帮我扶好了,我要把它敲下来!"两个人一人扶着积木另一人用别的积木试图从侧面把卡住的积木敲打下来,奕辰一边敲一边大声喊:"小心手啊!"尝试之后发现还是没有弄下来,于是奕辰就换另外一种圆柱形积木来敲打,结果成功了(图40-4、图40-5)。两人配合非常默契,这次成功之后,我以为他们就不会再用那块不合适的积木了,但奇怪的是恰恰相反,他们又反复用了好几次,每一次都用这种合作的方法敲击下来,每一次成功之后两个人都开心的不得了,兴奋地说:"该我了,该我了。"楼层越来越高,有时会出现判断误差,有时会拿那种孔小的圆形积木往上垒,结果放不上去,就反复调换,一直垒到房子和他们的个

图40-3 奕辰尝试把积木摔在地上

图40-4 奕辰借助长条形积木敲打

171

头差不多高时才停下来,这时我问他们:"你们的房子垒了多少层呀?"他们自己数数,大概垒了二十五层(图 40-6)。

图 40-5 奕辰借助圆柱形积木敲打

图 40-6 最终建成的高楼

洞察秋毫

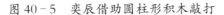

1. 在观察与比较中发现游戏中物体间的相互联系。在搭建游戏过程中,亦辰、德昱借助积木运用 10 以内数的计数方法来计算搭建房子的楼层,通过比较来感知积木的粗细、圆孔的大小,以便更好地进行搭建活动。例如,在案例中要比较圆柱形积木的长短粗细,再选择合适的积木才能顺利放入圆孔之中,否则就会被卡住。

2. 知识经验的迁移促进幼儿游戏技能的提高。亦辰、德昱两个小朋友借助积木创设出了"搭高楼"的游戏,利用平时生活中看到的家长做木工活的生活经验迁移,懂得了借助外力的作用将卡住的积木敲打下来。

3. 面对游戏中的困难不轻易放弃,大胆尝试。在游戏中,亦辰、德昱两个小朋友,按自己的想法进行游戏,并且大胆地表达出自己的想法;例如搭建如何选址最恰当,亦辰就大胆表达了自己"要距离架子近"的看法,同时和同伴分工合作,奕辰负责搭建,德昱负责搬运积木;在遇到困难时能够继续坚持,不轻易放弃,积极动脑思考,使困难得到解决。

(桓婷婷)

三、探索性游戏

41. 咕噜咕噜滚下来（中班）
——幼儿在游戏情境中探索和发展

追根溯源

梯子滚筒区是孩子们向往已久的区域。今天，他们终于可以如愿以偿了。孩子们兴致勃勃地做着规划，有的要用梯子搭火车道，有的要用木箱和木板搭滑梯，有的要用箱子搭隧道……

精彩回放

场景一：

来到平衡区，晨晨搬了木板和圆木桩，搭起了滑梯：他先是把木板放在地上，把圆木桩横放在木板的一端，然后再把木板的这端抬起形成了斜面，圆木桩就咕噜咕噜滚下去了（图41-1）。晨晨反复将圆木桩放在用木板架起的斜面上，让它滚下去，并沉浸在这一快乐中。旁边的成成一直在看晨晨的游戏，晨晨说："这个圆木桩咕噜咕噜滚得很快，可好玩了。这样抬起来木桩就滚下来。"边说边教成成抬木板的动作，成成也模仿起来。可是成成刚抬起木板，他的圆木桩就滑下来了（图41-2）。成成把木板放下，正好放在了躺着的圆木桩上，这样就出现了一个斜面。于是成成又去找来一块圆木桩，继续游戏探索，圆木桩又半路滑了下来，成成重复了很多次，可是每次圆木桩都不能顺利从斜坡上滚下来。成成有些失望，想放弃了。我走过去对他说："你觉得圆木桩没有成功滚下来的原因是什么？"成成说："木桩太大，木板太窄。"晨晨走过来说："你试试我的。"成成屏住呼吸，认真地把木桩放在成成搭建的斜坡上，没想到木桩顺利地滚了下来。晨晨欢呼雀跃，成成却怔住了，他自言自语地说："不是木桩的问题。"他看看晨晨的木板，又看看自己的木板，说："我知道了，是木板的问题，我的木板不平整，有点

图 41-1 晨晨玩圆木桩滚下的游戏　　　　图 41-2 成成模仿游戏

儿弯。"于是,他又重新挑选了一块木板。

受到成成的启发,晨晨也把木板搭在圆木桩上,做出了斜坡,又找来一根又粗又短的圆木桩,然后小心翼翼地把圆木桩放好,又调整了一下圆木桩的位置,手一松,圆木桩很快就滚下了坡。晨晨开心地跳起来说:"太好玩了。"成成看到晨晨的斜面很高,圆木桩滚得很快,也把自己的圆木桩竖起来,做了支架,做成了更高的斜面。把圆木桩放在斜面上,结果还是不能顺着木板滚下坡(图 41-3)。尝试了几次,每次圆木桩都从木板一侧滑下来,反而把斜面弄倒塌了。他索性搬起圆木桩排到了晨晨的后面,和晨晨一起游戏。这次成成的圆木桩顺利地滚下来了。

图 41-3 成成的圆木桩滑落　　　　图 41-4 圆木桩击中斜坡支架

场景二:

成成成功了,他看了看自己用的木板,说:"这块木板有些拧巴。"于是,成成重新换了一块平整的木板,这次他的圆木桩顺利地滚下来了。在圆木桩滚下斜坡的时候正好

三、探索性游戏

击中了晨晨的斜坡支架(图 41-4),支架有点歪了,于是他快速跑过去抱来圆木桩,趁晨晨还没来得及玩,又一次滚落了圆木桩,这次晨晨的斜面倒了。这一撞击,玩出了多米诺骨牌的感觉。成成高兴地捧腹大笑起来。晨晨也看到了游戏,被吸引了。"好好玩呀,我再去搬一个,你摆好那个被推倒的。"晨晨说着跑去找木板和圆木桩。很快三个斜坡摆好了(图 41-5),成成在第二个斜坡玩,晨晨在最后的斜坡玩。成成的圆木桩滚下来击倒了前面的斜坡;而晨晨的没有击倒。"成成,我的怎么打不着?"晨晨问。成成来到晨晨面前想演示一下。可是圆木桩滚下来后,也没有击中前面的斜坡。"斜坡隔得太远了。"成成说。一人推木板,一人搬动木桩,调整了斜坡的间距。可圆木桩滚下来了,还没有击倒前面的斜坡。"太矮了,我们换根长的木桩做支架的木桩,坡高了,圆木桩就滚得快了。"成成说。于是两个人重新换了个更高的木桩,调整了斜坡的高度。这次,晨晨的木桩滚下来时击中了前面的斜坡,倒了。晨晨高兴地跳了起来。"我还没开始呢? 倒了我没法玩了。"成成撅起小嘴巴说。晨晨跑过去将斜坡重新架好(图 41-6),说:"你先玩,我再玩。"两人商量好了,开始了游戏,成成的圆木桩滚下来击倒了前面的斜坡,晨晨的也击中了前面的斜坡。两个人高兴地手舞足蹈地欢呼着。

图 41-5　成成晨晨玩多米诺骨牌游戏

图 41-6　成成晨晨、协商你先玩、我后玩

洞察秋毫

1. 帮助幼儿提升游戏水平,获得新的游戏经验。游戏中成成和晨晨探索出了多米

诺骨牌的玩法,教师的引领让幼儿明白了撞击物要撞到前面的物体,不但与斜坡的坡度以及两个斜坡之间的距离有关,还与撞击物的材质、支架的稳固性有关。幼儿可以用自己能够接受的方法,而且非常乐意去体验多米诺骨牌的感觉,比如可以调整两个斜坡之间的距离,也可以调换一个比较粗重的撞击物等等。幼儿在游戏中掌握了物体滚落的速度与西坡的高度、长度和光滑程度有关系。

2. 发挥同伴的影响力,体验与同伴合作游戏的乐趣。游戏开始时晨晨一个人玩,小伙伴成成的加入,为晨晨提供了与同伴相互交流、交往和合作的机会,从而使游戏由单一变得复杂、有情节。从一个斜坡到两个斜坡,再到三个斜坡,玩出了多米诺骨牌的感觉,正是同伴之间的交流合作助推了游戏的深入和发展。游戏中幼儿之间的交往,让幼儿学会了倾听他人,合作游戏,习得了交往的技巧。

(安秀花)

三、探索性游戏

42. 火山喷发（中班）
——把深入探究的自主权还给幼儿

追根溯源

幼儿园新建的海沙池（图42-1），沙质细腻、松软，深受孩子们的喜爱，沙池周围的水龙头更是为孩子的探索提供了方便。小班时孩子们会借助模具造型，做馒头、小乌龟、海星等；到了中班，幼儿开始借助铁锹等工具挖沟、造桥，借助筛子、天平等进行筛沙、称量等。在玩沙过程中，孩子们了解了沙和水的特性，激发了自主探索的兴趣。

图42-1 海沙池　　　　　　图42-2 探索水管

精彩回放

孩子们来到海沙池，晨晨蹲下身，刚想挖沙子，突然感觉有水喷过来。他仔细寻找，发现了一条水管漏水，水从破洞里喷射出来。他立刻改变了自己的计划，开始围着水管转，用手捏、踩、折水管（图42-2）。看到水会随着操作改变方向或突然急速喷出。他用小铲子罩住喷出的水柱,双眼放光,自言自语道:"下雨了!下雨了!"并反复尝试"人工降雨"(图42-3)。玩了一会儿,晨晨铲起沙子,尝试着倒在水管喷水的地方,水暂时被堵住了。可很快那一铲沙子湿了,开始往下滑,水又一点点流出,一会儿又恢复了刚才喷射的样子。晨晨情不自禁地喊了声:"火山喷发!"他的喊声引起了旁边然然的注意。

图42-3 人工降雨　　　　　　　　图42-4 然然加入

两个孩子围着水管观察、研究,继续用沙子将水管埋起来,如果沙子很多,暂时喷不出水,他们就忍不住用手小心翼翼地去扒开沙子。当水突然喷出来溅到身上时,又会哈哈大笑。又有几个孩子加入进来,几个小脑袋凑到一起,时而认真观察,时而四散跑开,发出欢快的笑声(图42-4)。

过了一会,晨晨跑开了,返回时手里提了一个小桶,将小桶罩在水柱上方(图42-5),喷到桶底反射回来的水又顺着小桶流了出来。他拖动水管,把小桶放到水管下方对准小孔的地方(图42-6),水就乖乖地喷到小桶里。然然也加入其中,晨晨的小

图42-5 水桶罩在水柱上方　　　　图42-6 小桶放到水管下方

三、探索性游戏

桶满了,然然立刻换上自己的小桶。晨晨提着水桶转了一圈,发现远处挖河的小朋友,吆喝起来:"谁要水呀,不要钱。"立刻有几个小朋友呼应:"我们这里要,你来帮我们运水吧。"晨晨欣然接受。

运了几桶水,晨晨对然然说:"要是小朋友们都不需要水了,这些水流到沙池里都浪费了,怎么办呢?我们把它堵起来吧。"然然尝试用铲子头、铲子柄堵住小孔,可是水又从旁边喷出来。几个孩子七嘴八舌地出主意,月月说:"用沙子埋起来吧。"泽泽说:"用棉花堵上。"然然说:"赶快用胶布粘上吧。"哲哲说:"我们把这个破的地方剪开,然后重新接起来。"孩子们纷纷想办法。

晨晨转转眼珠说:"我有办法了。"他急匆匆跑到门卫爷爷那里,一会又跑回来,手里拿着一个塑料袋,尝试系在水管上,由于不太会打结,小孔还是不断地流出水。他向老师求助道:"老师,你帮我们系上吧。我爷爷就是这样堵住小孔的。"我按他的办法在小孔处缠了几圈,然后系紧,果然看不出水流出来,孩子们欢呼起来(图42-7)。

图 42-7 堵住小孔

洞察秋毫

1. 尊重、支持幼儿自发的观察。在幼儿的游戏活动中时常会遇到意想不到的事,如案例中,水管漏水这一偶然事件打乱了原来的规划,成为吸引晨晨的"突发事件",教师的不阻止、不干扰,给足了孩子探索的空间和时间,才使幼儿在尝试"人工降雨""火山喷发"中,动手动脑探索、了解沙水的特性,并乐在其中;在研究接水的方法时,不断自我调节,转动水管,让小孔朝下,顺利接到水。有了教师的支持,才会看到孩子带给我们接连不断的惊喜。

2. 支持、鼓励幼儿自主的探究。作为教师,对幼儿突发的行为除了支持,更多的是及时肯定、鼓励。如在反思环节,让晨晨讲述他们的游戏故事"火山喷发",会极大增强幼儿的自信,激起全班幼儿发现并解决问题的欲望。与科学区相结合,继续探索堵住小孔的方法,并建议幼儿将自己的方法用图象符号进行表征,让幼儿的探究过程看得见;提供丰富的材料,及时支持、鼓励幼儿通过实验验证堵住小孔的方法,在实际操作中发展幼儿的科学探究能力。

3. 适时介入,帮助幼儿解决遇到的困难。当幼儿遇到不会打结这一问题时向教师寻求帮助,教师积极回应,帮助幼儿扎紧小孔,与幼儿共同解决问题。教师的介入,在顺应幼儿游戏意愿的前提下,推进了幼儿游戏的深入开展。

(周桂霞)

三、探索性游戏

43. 沙水区的桥梁工程师（中班）
——幼儿自主探索积累建构经验

追根溯源

沙水区是我们幼儿园充分挖掘现有空间与材料，满足中班幼儿游戏挖掘建构类活动而开辟的一处沙池。本学期小朋友们已经在沙水区挖过各种四通八达的"大河"（图 43-1），由于沙水区的游戏已经持续了一段时间，小朋友们已经熟练地掌握了挖掘技巧，具有了一定的力量和耐力。幼儿的兴趣点逐渐转移到新的餐厅游戏中来，孩子们勇于尝试有一定难度的任务和活动，并自发地组合在一起，掀起了一股送餐风潮（图 43-2）。但是，送餐却遇到了如何通过沟渠的问题。

图 43-1　幼儿开沟挖渠　　　　图 43-2　餐厅游戏

精彩回放

在送餐的过程中，送餐员们经过河流，需要大步跨越，稍有不慎就会掉进沙水河流之中。这时,子小在河流上巡视一周后,来到了工具区,在所有的工具中挑挑拣拣后,选择了一个粗粗的圆木桩,他把这个木桩横着放置到了河流中间,一座简易的桥梁就这样建好了(图43-3)。他在这座桥上走了两次后,邀请其他小朋友们来试着走他的小木桥。梓晨在这座小桥上走了两遍说:"圆木桩让我差点掉下去!"梓萱说:"我也觉得不怎么结实,刚才这个桥差点滚走了!""桥梁专家"们凑在一起讨论起来。梓晨说:"我们可以并排放好几个圆木桩!"梓筝说:"不行,那样河水流不过去了。我们得选择一个能让水流过去的方法!"子小听了他们的对话说到:"我们可以用木板!"小朋友们终于找到了大家一致赞同的好办法——用木板用来制造桥梁,他们将木板横放在小河上,一座简易的木板桥就成型了,小朋友们开始尝试在这座木板小桥上行走……

梓萱小朋友说:"让我来试试它坚不坚固!"她一踩木板桥的两头就压塌了小河两侧(图43-4)。子小旁观了全部过程说:"可能是木板太短了!换个长的试一下!"于是,梓筝将短木板换成了更长的木板。再从桥上走过,虽然状况有所缓解,但是情况还是不容乐观。随着孩子们持续往河中加水,长木板桥也面临坍塌的危险。子小发现我正在观察他们的活动后,走到我面前说:"老师,我们的桥又塌了,你快来帮帮我们吧!"我想了想,对他说:"你想想你见过的小桥和你们建的桥有什么区别呢?"子小、梓萱在河边讨论了一小会儿,子小盯着即将塌陷的小桥说:"那我们要去找更长的木板吗?"

图43-3　子小的木桩桥梁　　　图43-4　梓筝在测试木板桥梁

三、探索性游戏

玩具工具区已经没有更长的木板了。梓筝沉思一会儿开口说:"我爸爸带我看过黄河大桥,黄河大桥有地基,我们的桥没有,我们给它做个地基就结实了!"她的建议得到了子小的赞同。他们又叫来了其他小朋友,大家伙交流了一会儿就开始行动起来。他们一起将沙子堆在木板上,将桥梁的两头进行加固,使得木板两端不再翘起来(图43-5)。加固完小桥他们又邀请小朋友们来检查,这座小桥经受住了小朋友们的检验。于是,小朋友们将这种建桥方法推广到了河流各处,一座座小桥在河流各处修建起来了……

图43-5 小朋友们在合力加固木板桥梁

洞察秋毫

1. 引导幼儿回忆生活经验,促进幼儿游戏的持续开展。建桥游戏的开展离不开幼儿生活经验的支持,游戏中梓筝回忆了爸爸带她参观过黄河大桥,并将黄河大桥有地基的经验迁移到了建桥游戏中,推进了游戏的深入开展。教师与家长应多组织幼儿进行实地参察、参观,丰富幼儿已有经验,才能在游戏中迁移经验,拓展游戏情节和内容,从而提升幼儿游戏水平。

2. 教师做好游戏过程中的观察,帮助幼儿梳理提升游戏经验。游戏中子小和梓筝小朋友尝试通过沟通解决问题的行为,表现出他们在人际交往中能与同伴友好相处并能够自主解决游戏过程中发生的问题,教师应在游戏后反思的过程中给予他们鼓励与表扬。发挥强化与替代性强化的作用,从而带动其他幼儿在遇到困难时愿意尝试通过沟通解决问题的能力,促进幼儿人际交往技能的发展。

3. 教师关注幼儿需求,投放适宜的材料。儿童有着与生俱来的好奇心和探究欲,探究既是学习的目标也是学习的途径。案例中教师观察到幼儿在沙水区展现出对于建桥游戏的热情后,在后面的教育教学活动中抓住机会将活动延伸到相关的课程及活动区角,支持幼儿继续游戏,在持续的游戏中,逐步提升幼儿的建构能力与科学探究能力。

(李 贞)

利津户外游戏

44. 山坡游戏乐趣多（中班）
——在解决问题的过程中促进幼儿社会性的发展

追根溯源

体操垫是幼儿体育游戏中常用的辅助器材，我园为孩子们准备了许多大小不同、五颜六色的垫子（图 44-1）。通常孩子们在玩翻滚、攀爬、高空跳跃等游戏时会自由取放垫子，最近他们探索着用垫子搭迷宫、搭房子玩过家家，或者三五成群摆好垫子玩小青蛙跳荷叶……经常玩出不同的花样。

图 44-1 垫子摆放在阳台上

图 44-2 书萱在垫子上玩"滚山坡"游戏

精彩回放

书萱、洋洋、子旭正在搬运垫子，洋洋手一滑，垫子一端正好掉在台阶底下。书萱乘势爬上垫子，咕噜咕噜滚了下来，后面的子旭见状也爬上垫子咕噜咕噜滚了下来。他们三个在垫子上爬了滚、滚了爬，似乎早已忘记自己是来搬运垫子的。他们边玩嘴里边说着："太好玩儿了，太刺激了！"（图 44-2）

三、探索性游戏

看到他们玩得这么投入,我实在不忍心打断他们,但他们在台阶上玩游戏,影响其他小朋友搬运垫子,于是我上前说:"你们这个游戏真好玩,你们能不能到操场上和更多的小朋友一起玩儿呀?"他们三个爽快地答应了,迅速地从垫子上下来,三人搬起垫子向活动场地走去。

他们三个搬着垫子来到操场上,洋洋发现操场是平的,他们找不到斜坡了。洋洋开始在一堆垫子里转来转去,忽然他高兴地说:"有了!"只见他把旁边的小垫子一折,并对书萱说:"把垫子抬起来。"书萱把垫子一端抬起来,洋洋迅速地把折叠起来的小垫子塞到了大垫子底下。时不时地站上去试试合不合适,却感觉不满意,因为塞进去两个小垫子以后,大垫子的一端是被腾空驾高了,但是没有他们想要的舒缓坡度。而且他站上去后,底下的小垫子就滑了出来,他们尝试了好几次都没有成功(图44-3)。

三人开始尝试别的办法,他们发现旁边的建构区有木板。洋洋跑去拖木板,子旭也跑去帮忙。他俩先把木板放到小垫子上,然后又把大垫子拖到木板上,试了几次还是不行,因为垫子太宽,木板太窄,而且底下两个垫子也固定不住,人一站上去垫子就左右摇晃,很容易掉下来(图44-4)。

图44-3　书萱把大垫架高,小垫子总往外滑

图44-4　洋洋在小垫子上搭上一块木板,放上大垫子

他们又跑回建构区,抬来另一块木板,将两块木板并排着一起搭到了小垫子上,再把大垫子拖到木板上形成斜坡,这次基本成功了,虽然还是有点晃动,但人勉强能从上面往下滚,不过还需要有个人在后面顶住底下的两个小垫子,这样小垫子才不会往后跑(图44-5)。

利津户外游戏

图 44-5 幼儿在垫子上摆了两块木板

图 44-6 用架子和两块木板做底座搭建起来的斜坡

这时,好玩的"滚山坡"游戏又吸引了四五个孩子加入。可是,人一多,在后面顶着小垫子的子旭受不了了。他站在垫子后面,不停地四处张望,他似乎是在寻找什么东西来解放他的双手。观察了一会儿,他制止了正要爬上垫子的洋洋,大声喊道:"洋洋,你过来,站在这儿扶住垫子。"又对正在排队的牛牛说:"牛牛,你来帮我把那个抬过来吧!"他们又跑回建构区抬来一个架子。这次他们不用原来的小垫子垫高了,直接把两块木板搭在了架子上,然后把垫子放在木板上,这次子旭也可以加入游戏啦,他们玩得开心极了。后来洋洋和子旭又搬来了一块垫子,和原来的垫子连接起来,孩子们越玩越开心了(图 44-6)。

洞察秋毫

1. 支持幼儿偶发的游戏行为,助推幼儿游戏发展。洋洋、书萱等几个小朋友在搬运垫子时偶然发生了"滚山坡"的游戏,教师追随幼儿兴趣,支持幼儿的游戏,确保了游戏主题的稳定性和持久性。

2. 适度"示弱",鼓励幼儿自主解决问题。幼儿搭建山坡的过程中,遇到问题想找老师帮忙解决时,教师并没有直接告诉幼儿解决方法,而是装出束手无策的样子,让幼儿自己动脑筋、想办法。幼儿通过反复调整垫子的高度和坡度,最终搭建出了理想的山。幼儿在发现问题、分析问题、解决问题的过程中建构了新经验。然而,教师"示弱"的背后是在观察的基础上作出专业的分析和判断,当我们识别到幼儿有足够能力解决问题时,我们可以适度"示弱",给予幼儿自己解决问题的机会。

3. 在后期活动中提供多样化的辅助材料,进一步激发幼儿探究兴趣。幼儿对"山坡游戏"的兴趣一直很高涨,他们不再满足自己在斜坡上滚动的游戏,有的幼儿会找来不同物体放在斜坡上往下滚,观察物体滚动速度和坡度的关系。在后续的活动中,教师应为幼儿提供垫子、滑草器械、考拉等多样化的辅助材料,满足幼儿继续探索的愿望,进一步激发幼儿探索感知斜坡坡度大小、物体重量、摩擦力与速度之间的关系,引导幼儿对身边的事物、现象进行连续性的观察与比较,从而获得物体属性和事物关系的知识。

(纪晓梅)

利津户外游戏

45. 头发竖起来了（大班）
——碌子里发现的小秘密

追根溯源

图 45-1　结伴走碌子

为了提高幼儿协调性和灵活性，户外平衡区里有各种各样的碌子，幼儿经常三五成群地站在碌子上向前或向后走（图 45-1），也时常结合自己的生活经验进行角色游戏（图 45-2、图 45-3）。而大班幼儿会对自己感兴趣的问题刨根问底，也愿意主动探索、寻找问题的答案，并能在探索中为自己的发现感到兴奋和满足。"头发竖起来了"就是幼儿用碌子玩"送宝宝上学"的角色游戏时无意间发现的小秘密。

图 45-2　碌子上过家家　图 45-3　"妈妈"护送"宝宝"上学

三、探索性游戏

精彩回放

在平衡区的游戏规划中,月涵、欣怡等三个小女生计划要用碌子玩送"宝宝去上学"的游戏。孩子们有时在碌子里面,推着"宝宝"去"幼儿园";有时站在碌子上,护送"宝宝"去"幼儿园"。大约二十分钟后,孩子们开始在碌子里被推过来、推过去转着玩(图45-4)。过了一会儿,桐桐摸着月涵的头发喊了起来:"你的头发竖起来了!"欣怡看到之后,也钻进碌子里转起来,她们转了一圈又一圈,不一会儿她的头发也竖起来了(图45-5)。有个小男孩还跑过来笑着说:"哈哈,她的头发怎么这样了?"孩子们的欢笑声吸引了好多小朋友前来观看,接着也相继钻进碌子里尝试。月涵也把我叫了过去,"老师,你看,欣怡的头发竖起来了!"我说:"哇!好神奇啊!头发怎么竖起来了?"欣怡说:"在碌子里转转就竖起来了。"月涵想了想说:"是头发被吸起来了。"

图45-4 欣怡转碌子　　　　图45-5 头发竖起来了

回到活动室后,我将孩子们在碌子里的视频播放在大屏幕上,月涵分享了当时的过程:"我推着欣怡转呀转,头发就竖起来了。"孩子们听到之后开始交流,子涵说:"因为有吸引力!"泽毅说:"这是摩擦力的原因。"……看到孩子们对这个现象非常感兴趣,结合山东省编教材大班上的主题五"什么联络你我他"中的"摩擦起电"活动,教师和孩子们做起了气球摩擦头发的实验(图45-6),教师提问:"当气球轻轻离开头发时发生了什么变化?""头发为什么竖起来了?"孩子们积极发言,明白了气球来回摩擦头发可以让头发竖起来。我再次给孩子们看小朋友们转碌子的视频,展郡说:"转碌子的过程

利津户外游戏

图45-6 气球摩擦头发实验

中头发在毽子上来回转,头发才竖起来了。"教师引导孩子们得出结论:头发竖起来是因为头发和毽子之间的反复摩擦引起的。

教师在区角投放尺子、梳子、纸屑等材料,孩子们分别尝试将尺子、梳子等在头发上摩擦让头发竖起来或吸起纸屑。不经意间,桐桐发现皓皓的衣服袖子将掉落在桌子上的纸屑吸起来了,便说:"皓皓,你的衣服也能吸起来了。"皓皓说:"我用衣服磨擦你的头发试试。"(图45-7)在旁边的一诺目睹了这一切,也尝试着用自己的衣服摩擦头发,"老师,你看我的头发竖起来了没有?"我说:"竖起来了!"一诺非常开心(图45-8)。到底哪些材料还能摩擦起电,我们决定再继续探索……

图45-7 用衣服摩擦头发

图45-8 让自己的头发竖起来

洞察秋毫

1. 把握最近发展区,积极回应幼儿。本案例中,幼儿在玩毽子游戏时无意中发现头发竖起来了,并对这一现象非常感兴趣,教师及时抓住时机积极回应幼儿,由此引发幼儿对头发竖起来原因的思考。教师要善于观察，保护幼儿的好奇心和探究兴趣并提出具有探究意义的问题，引导幼儿发现摩擦起电在生活中的应用。

2. 抓住教育契机，做好游戏与主题活动的有效整合。反思讨论环节，孩子们积极动脑思考"头发竖起来"的原因，并能通过小实验发现由于头发与梳子之间的来回摩擦使得头发竖起来了，幼儿的观察和思维能力在探究的过程中得到发展。教师及时将幼儿在游戏中发现的秘密与主题教学中的活动结合，生成摩擦起电系列探究活动，促使幼儿在游戏中获得系统的整体的知识经验。

3. 投入适宜性材料和工具，提供有效支持。教师在了解孩子已有经验的基础上，在区角投放相关的操作材料，让幼儿在亲身参与、动手操作的过程中发现更多摩擦起电的现象。教师还可以为幼儿提供更多适宜性材料和工具，如塑料棒、吸管、记录表格等，鼓励幼儿记录观察和探索的过程，让本来抽象的科学知识变得具体可操作，丰富幼儿的知识经验，使他们有更多的收获和思考。

（李　倩）

利津户外游戏

46. 小小跳水运动员(大班)
——在反复探索中收获成功

追根溯源

幼儿阶段是平衡力、协调力和灵敏性发展的重要时期,平衡区也一直是他们喜欢的户外活动区域。他们能够并热衷用梯子和木箱进行拼搭、建构。我班幼儿在单纯拼搭、建构的基础上,经过探索,创新地研究出了通过木板与箱子、体操垫子结合搭建跳水台的新游戏。

精彩回放

图 46-1 思航创设新跳水台

思航和家馨正在兴致勃勃地用箱子和垫子玩"跳水"游戏,游戏进行了一段时间后,思航说:"我看专业跳水运动员跳水,都是从'跳水台'上往下跳,我们也搭一个'跳水台'吧!"这个想法得到了其他幼儿的赞同。可是,用什么做"跳水台"呢?思航说:"咱们可以尝试一下用塑料长玩具。"说着,他便找来了塑料玩具。尝试后发现,塑料玩具不结实。家馨说:"咱们可以用长木板。"说完便取来了材料,但在他们尝试跳了几次后,思航说:"这个长木板太不牢固了,要不我们换成短木板试试吧!"提议得到其他幼儿的赞同(图46-1)。

三、探索性游戏

他们按着这个方式继续游戏。木板一端坐着一个幼儿,另一个幼儿站在另一端进行"跳水"游戏。思航是新游戏的发起者,所以他一直在尝试,并且不断插队,导致其他幼儿纷纷离开。家馨看后说:"为了公平,我们通过猜拳的方式,谁赢了谁先跳。"思航看到其他幼儿纷纷离开,也意识到了自己的问题,便赞同了这个说法。第一局思航胜出,由于其身体较重,家馨坐在后面,压不住跳板,游戏停滞了(图46-2)。蕴哲看后说:"家馨太轻了,我来试试。"就这样,游戏继续进行。

这个游戏又吸引了一部分幼儿的参与。当游戏进行到一半的时候,蕴哲说:"我也想尝试一次跳水游戏,谁能帮我?"其他幼儿听后都表示不愿意帮忙。我走上前,对他们说:"蕴哲也想参与这个游戏,咱们一起想个办法让他也能参与进来吧!"听完我的话,幼儿面面相觑,束手无策。文硕说:"他比较重,我们

图46-2 蕴哲替思航压木板

谁也承受不住,不过我们可以几个人同时坐在后面,这样也许可以成功。"听了他的话,几个幼儿争先恐后地坐在后面,蕴哲小心翼翼地站上"跳水台",腾空一跃,他完成了一次"跳水",高兴地欢呼起来:"我成功了!"其他幼儿也兴奋极了。游戏继续进行着,一鸣突然说:"虽然我们几个人坐在木板后面,但是家馨在跳的时候,我还是觉得木板颤动,怎么回事?"(图46-3)他说完,其他幼儿也纷纷表示赞同,游戏再一次停滞。嘉赫绕着箱子走了一圈,拍手说道:"是不是因为这个木板露出的部分太长了呢?"他边说边将木板换成了更短的木板,露出部分也相应变短。调整方案后,孩子们跃跃欲试,最终推选蕴哲进行尝试,只见他站上跳台,木板并未颤动,他完美地完成了"跳水",孩子们都激动地欢呼起来(图46-4)。游戏继续进行着,孩子们体验到了成功的喜悦,他们又将"跳水台"架在了其他材料上,并乐此不疲地游戏着(图46-5)。

利津户外游戏

图 46-3　一鸣发现木板颤动不稳　　图 46-4　蕴哲完成"跳水"　　图 46-5　更换材料玩"跳水"游戏

洞察秋毫

1. 跳水游戏中，引导幼儿进行观察和验证，引发幼儿对周围事物和现象的探究兴趣，培养幼儿初步的探究能力。幼儿在游戏过程中，通过亲身实践，在不断地发现问题、解决问题的过程中，发现了使跳板保持平衡的方法，了解了简单的物理知识——"杠杆原理"，使看似深奥难懂的科学知识，在游戏中得到了很好的应用。

2. 关注幼儿无法平等进行跳水游戏的需求，直接介入游戏，使游戏正常进行。游戏中，蕴哲想尝试跳水，但是由于其身体较重，其他幼儿不想给予帮助。我直接介入游戏，引导幼儿共同想办法，通过增加木板一端人数的方式，帮助蕴哲实现了跳水愿望！

3. 在跳水游戏中，鼓励幼儿并为幼儿提供交流机会。在游戏中，李思航多次违反规则，以自我为中心，我并没有直接干预，而是让幼儿自己协商，通过协商，他及时调整了自己的行为，很快融入集体活动。后面的游戏因木板较长容易颤动的问题出现停滞，我依然将解决问题的机会留给幼儿。他们再次通过集体协商，以改变木板长度的方式完美解决了问题。

（商艳芬）

三、探索性游戏

47. 辘轳井里面学问多（大班）
——在实际操作中拉近预设和现实的距离

追根溯源

随着现代生活水平的提高，辘轳井退出了历史的舞台，取而代之的是自来水的使用。能从地下提上来水，对幼儿来说，是一件十分神奇的事情（图47-1）。我园注重让幼儿在动手操作中自主获取知识，户外场地上专门开辟了一方天地——好玩的辘轳井。

井底深处的神秘深深吸引着幼儿，他们在老师的带领下开启了第一次汲水活动，第一次手摇辘轳井把手的新奇，齐心合力提上水的兴奋，都写在他们幼稚稚嫩的小脸上。

图47-1 辘轳井场地

精彩回放

又到了玩辘轳井的时间，孩子们在老师的带领下来到了活动场地。按照游戏规划自动分组,有的摇辘轳井把手,有的提水桶,有的密切注视着辘轳井绳子下面的小水桶,有的则静静地看着水在管子中哗哗流走……

突然,瑶瑶大叫一声,"哎呀,慢点,夹住我的手了。"我顺势望去,瑶瑶正用嘴吹着小手,嘉艺则手扶着辘轳井的把手一脸无辜的表情。我急忙走过去,确定了瑶瑶手没有大碍,又仔细观察了一下,原来瑶瑶负责的开关存在安全隐患——有很多锈迹。"哪里出问题了?我们好好检查一下。"孩子们在我的提醒下,发现了开关的不灵活。他们一边摆弄一边自言自语说:"怎么不能直接关上呢?"我告诉他们这是因为时间久了生锈的原因。孩子们反复试实验了几次,得出结论:当瑶瑶去关开关的时候,嘉艺必须再手摇辘轳井把手倒转一下,这样才不至于夹住瑶瑶的手。如果嘉艺喊"停",瑶瑶直接去关开关,开关就会慢半拍夹住手。弄明白了这一原理以后,孩子们又兴致盎然地忙碌起来(图47-2)。

坤羽和珺睿不时地跑来跑去,看到小水渠中的水越来越多时,高兴地说:"小溪得救了,小溪得救了。"(图47-3)本以为活动可以这样有条不紊地开展下去,可是不久传来了小黄的抱怨声:"哎呀,我的鞋子都湿了。"我急忙过去,只见小黄望着自己湿湿的鞋子,一副不知所措的样子。

图47-2　反复实验,找到原因　　　图47-3　得救的"小溪"

我望着挂在辘轳井上面的水桶,又看了一下上面绳子的长度,以及大木盆和井口之间的距离,顿时明白了小黄鞋子弄湿的原因:提水桶的绳子的长度要大于井口到大木盆的距离,否则就会出现小水桶往大木盆里面倒水,因绳子长度不够弄湿鞋子的现象。

"怎么回事？是绳子的问题？水桶里的水太多？还是你们力气小的原因？"我抛出了好几个问题鼓励孩子们去思考和探究。过了一会儿,小黄一脸兴奋地告诉我:"老师,我知道了,刚刚是提水桶的绳子太短了,够不到大木盆,所以我的鞋子就弄湿了。""水桶里的水太满,应该倒回井中一点,这样再往大木盆里面倒时鞋子就不会湿了。"手摇辘轳井把手的嘉艺亲眼见到小黄费力地提着满满的水桶,提出了这一宝贵建议。

"那我什么时候关上开关?"负责开关的瑶瑶问道。爱动脑筋的小黄说:"你先别着急,等我提上水桶,倒掉一部分水,再提着水桶到大木盆上方的时候,我喊'停',你再关上。""好。"新的约定在孩子们思考后产生了,三个孩子又开始忙碌起来。"水太满了,倒进井里一些。""停,关上开关吧。""哎,还差一点点距离,再打开开关,把绳子弄长一点。""这次好了,可以关上开关了。"三个孩子专心致志,一股清澈的井水从大木盆中流入水管,进入孩子们说的那个"小溪","你们成功了!"我及时为孩子们的努力点赞(图47-4)。

图47-4 齐心协力把水倒入大木盆里

洞察秋毫

1. 适当介入,激发幼儿的探究欲望。幼儿在操作的过程中出现了小意外,我及时加入并引导他们寻找原因——开关生锈。幼儿在反复操作后,采取了倒转一下的方式解决了开关问题。

2. 教师现场引领,鼓励幼儿思考鞋子弄湿背后的"为什么"。面对幼儿的沮丧,我用关怀、接纳、支持的态度,抛出了几个带有启发性的问题,幼儿在反复协商操作中终于找到了成功的秘诀:三个人要密切配合,不仅仅有动手操作,而且还要进行目测和思维的判断。事实证明,理论是否可行要在反复操作中方可得到验证。

> 利津户外游戏

3. 分享游戏经验,现场示范讲解。游戏反思时,以图片和视频的形式,让幼儿讲述自己的游戏故事,教师予以肯定,以此激发全班幼儿自主解决问题的愿望。户外活动时,可以请小黄这一组进行现场示范,幼儿亲自操作感知辘轳井取水的趣味以及三人配合默契的重要性。

4. 继续丰富材料,支持幼儿的探索行为。当幼儿好奇地摆弄物体、探索物体和材料,试图通过各种动手动脑的方式解决问题和寻找答案时,正是他们学会解决问题的途径。教师可以在科学区投放多孔板、扁立柱、小桶、棉线、摇把、横轴、支架等,动手制作简易的辘轳井,并寻找杠杆原理在生活中运用,使幼儿在做中学、学中思,体验合作探究和发现的乐趣。

(李 芳)

三、探索性游戏

48. 小板凳诞生记(大班)
——幼儿具有独立解决问题的意识和能力

追根溯源

木工坊的手工活动,大家都喜欢去尝试。尤其是小男孩,更喜欢在木工房里尽情地锯木头、钉钉子,做一些简单的木工活。经过一段时间的练习,幼儿逐渐掌握了一定的经验,动手能力和操作技能都有了提高。当他们再次进入木工坊活动时,都有自己的工作规划,渴望获取更丰富的操作体验,尝试做出一些新的作品。

精彩回放

活动规划时间,我向孩子们介绍了今天的游戏场地、投放的材料,请他们观看了这段时间在木工坊的一部分幼儿活动的照片(图48-1),组织他们讨论:你在木工坊都

图48-1　幼儿在木工坊活动

图48-2　板凳设计图

利津户外游戏

图48-3 明浩尝试将两块木板钉在一起

做过什么？等会进入木工坊你打算用什么材料，想要做什么？把心中的设计画出来（图48-2），进入木工坊后按照自己的设计图进行制作。

自主游戏开始后，木工坊渐渐传出叮叮当当的敲击声，只见明浩来到操作区，拿起两块短的木板，又找出一块长的木板，尝试着将木板钉在一起（图48-3），试了几次都没成功，他就跟旁边的子贤商量："我们一起做一个板凳吧？"

当他们用木板摆出板凳的造型时发现，两块短的木板不一样高，所以板凳面是斜的。明浩停下手中的工作，抬起头来环视四周，思索了一会，对子贤说："走吧，我们去台钳区！"他边走边对子贤说："板凳是对称的，两条腿要一样长，所以我们要想办法把两块短的木板变成一样长。"

他来到台钳区拧开台钳，先将其中的一块木板在台钳上放好（图48-4），再将另一块木板与这块木板一端对齐，最后再拧紧台钳，将两块木板固定好，"这样对照短木板的长度切割长的一块板，两块木板就一样长了！"他自信地跟同伴介绍（图48-5）。

图48-4 明浩将两块木板在台钳上对齐

图48-5 明浩将两块木板固定在台钳上

三、探索性游戏

把两块木板锯成一样长后,他发现操作台上没有空闲的位置了。这时他请子贤帮忙找来一个长方形盒子放在地上,把木板放到盒子上,依靠盒子为支撑,再次尝试把木板钉在一起,但是操作过程中盒子一直不稳定。他转头请旁边的子毅、豪宇一起来帮忙:"子毅你负责按住最下面的盒子,尽量让这个盒子不动!"(图48-6)"豪宇,你负责把木板钉在一起……钉子再竖直一些……先钉住木板的一边!"(图48-7)他则一边观察,一边负责指挥同伴。终于在大家的一起努力下,我们班第一个小板凳制作成功了!他们开心地向旁边的小朋友介绍:这是我们做的板凳,脸上洋溢着成功的喜悦。

图48-6　子毅压住木板　　图48-7　豪宇把钉木板钉在一起

最后是分享展示环节,在他们收拾整理的时候,我把上一届大班幼儿的作品拿出来摆到了展示台上。当他们高兴地把自己的作品放到展示台时,发现了展示台上面的作品。"这个彩色的板凳涂的是颜料吗?"(图48-8)豪宇最先提出了自己的疑问:"这个小板凳上有靠背,这么厚的木板是怎么钉在一起的?""我也发现了,确实很厚!""他们是怎么加上去的?"子毅提出了关键的问题:"在这,板凳底下有钉子,可能是用大钉子钉在一起的?"(图48-9)他们跑过来问我:"老师,展示台上的小板凳是谁做的?""那些板凳是上一届大班哥哥姐姐的作品,有什么问题吗?"我明知故问。"他们是怎么做出来的?""木板都很厚,是怎么钉在一起的?"他们满脸急切。"我也不清楚,要不你们自己去找找答案?"我假装很无奈地回答。"老师可以给我们些颜料还有大钉子吗?下次活动我们也来试试,肯定能找到答案。"在他们自信满满的牵挂中,这次活动落下了帷幕。

图 48-8　观察讨论展示台上小板凳的颜色

图 48-9　观察讨论展示台上小板凳的靠背

洞察秋毫

1. 丰富幼儿对木工坊的知识经验,激发幼儿的探究欲望。因为有了前期经验铺垫和规划,游戏中幼儿活动目的明确,根据自己的设计图纸快速找到适合的材料,在制作的过程中遇到问题能通过自己的观察、比较、分析,发现物体的特征,及时调整方案。可以借助图片和视频资料,丰富幼儿对于木工坊的角色、作品的知识经验,激发幼儿继续探究的兴趣和创作的灵感。

2. 支持和鼓励幼儿积极动手动脑的探究行为,培养其探究能力。幼儿在制作过程中根据对称的特点,借助台钳重合、对齐木板,把木板切割成相同的大小,借助盒子的支撑和同伴的帮助,合作完成板凳的制作。教师要及时肯定他仔细观察、想办法验证自己的想法的做法。鼓励他需要同伴的协助时,主动与同伴沟通,积极寻求解决问题的行为,增强幼儿自信心,培养其探究能力。

3. 提供更多支持,满足幼儿探究欲望。当幼儿发现其他作品时,能够主动提出自己的想法和需求。教师可以为幼儿提供各种形状和特质的多样化材料,满足幼儿主动探究的愿望。

(胡灵云)

三、探索性游戏

49. "跳水台"终于搭好了（大班）
——幼儿自主解决问题的能力令人叹服

追根溯源

幼儿园西侧的梯子滚筒区，有各种长短不一、高矮不同的梯子、宽窄不同的木板等游戏材料，孩子们可以按自己的意愿搭建梯子和木板，玩各种有趣的游戏，如跳水游戏、溜滑梯游戏、闯关游戏、表演游戏等等（图49-1）。其中富有挑战、刺激的跳水游戏深受孩子们喜爱。每次玩跳水游戏，孩子们搭建的跳水台都不相同：梯子有时高、有时矮、有时长、有时短，唯一相同的就

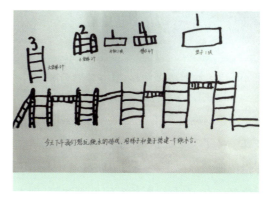

图49-1 "跳水台"规划图

是最后一个竖梯要放一块正方形的木板，当作跳水台。孩子们在搭建过程中也会遇到各种问题，如搬不动材料、梯子放不稳当、梯子卡槽没有卡好等。但是孩子们自主解决问题的能力比较强，彼此之间能互相帮助、共同解决遇到的困难。

精彩回放

孩子们两人或者是四人一组合作，先把五架竖梯运到了活动场地上，自北向南排成了一条直线，最后一架竖梯是最高的，大约高1.6米。搭建跳水台需要在最后一架竖梯上放一块木板，木板比较重，云晖自己把它搬到了竖梯旁，他费力地把木板举起来，但怎么也放不到梯子上。一旁的旭旭看到了，急忙爬上了竖梯，站在竖梯里面的第

二根横木上(图49-2),面向云晖喊道:"把板子给我。"他一边接木板,一边往下降,不小心滑了下去。他就直接站到了梯子里面的草地上,转身和云晖朝着同一个方向用手托着木板,把它放在了竖梯上面(图49-3)。"旭旭,谢谢你!"云晖感激地说。"不客气!我们要互相帮助嘛!"旭旭说完,又去协助其他小朋友搬横梯了。

图49-2　旭旭爬上竖梯,准备帮助云晖　　　　图49-3　旭旭和云晖放木板

木板这时还没有完全放平整,云晖想把木板再调整一下,结果木板的另一头却从竖梯上掉了下来。这时,宇航看到了,赶紧过来协助。宇航两只手从下面举着木板,云晖指挥他:"你往上一点。"宇航托着木板,不知所措(图49-4)。我提醒宇航:"你把木板举高一点,看看行不行?"宇航踮起脚,把木板举高了一些,木板终于放好了。

图49-4　宇航不知道如何协助云晖放木板

宇航、小潼抬来了一架横梯,放在了两个竖梯中间,想搭出通往"跳水台"的道路,云晖、天佑迅速爬上竖梯,准备助他们一臂之力(图49-5)。但是,梯子不够长(图49-6),旁边一个小朋友想去帮助他们移动竖梯,但一个人挪不动,这时,云晖喊大

三、探索性游戏

家:"搬个长的来。"

图 49-5　云晖、天佑爬上梯子　　　　　　　　图 49-6　梯子短了

横梯运来了,这次梯子又太长了。云晖试图移动前方的竖梯(图 49-7),但梯子上有人,云晖没有挪动梯子。天佑看到了,急忙从梯子上下来了。云晖把竖梯往前挪了一段距离,距离调得差不多了,孩子们开始放梯子。逢源也跑过来帮忙,可是梯子一边怎么也卡不好(图 49-8)。逢源喊着:"往那边拖拖!往那边拖拖!"结果他一推竖梯,横梯又掉了下来。孩子们再一次抬起了横梯,一次次调整竖梯的位置,在大家的共同努力下,梯子终于架好了。

图 49-7　梯子又太长了,云晖移动竖梯　　　图 49-8　逢源协助放梯子
　　　　　调整距离

云晖忙跑到了起点,开始走梯子,上高台,第一个从高台跳了下来(图 49-9)。

利津户外游戏

图 49-9 云晖第一个"跳水"

洞察秋毫

1. 教师关注和尊重幼儿的需求，注重培养幼儿自主解决问题的意识。一日生活中，幼儿自己能做的事情，教师会放手让幼儿自己去做，让幼儿在操作中体验成功和快乐，从而建立自信，激发幼儿解决问题的主动性。因而，幼儿在搭建"跳水台"遇到问题时，他们能互相帮助，积极探索解决问题的方法。

2. 教师对幼儿自主解决问题的能力有足够的信心。幼儿在搭建"跳水台"的过程中，选用的最后一个竖梯高达1.6米，竖梯上面的木板很重，一个人很难放到竖梯上；两个竖梯中间放置的横梯对于大班幼儿来说，一个人搬运不是问题，但想把它放在竖梯上难度比较大，其中一个原因是横梯比较长，另外就是竖梯的距离和竖梯的方向，也影响孩子们放置横梯。在幼儿搭建过程中，教师相信幼儿的能力，给幼儿提供了足够的操作时间，让幼儿在不断尝试中积累解决问题的经验。

3. 分享游戏经验，恰当引导，提高幼儿解决问题的能力。活动结束后，教师组织幼儿说说自己在玩的过程中遇到的问题是怎样解决的。幼儿在介绍经验的过程中，梳理了自己的已有经验，共享了他人的经验，知道了遇到困难时小伙伴之间可以互相帮助，也可以采用调整操作材料的方法解决遇到的问题。游戏后的交流环节促进了幼儿的相互学习，拓宽了幼儿解决问题的思路。同时，教师抛出适宜的问题引发幼儿更深层次的思考：如何选择长度适宜的横梯？竖梯和横梯按什么顺序摆放，跳台才能搭得更快？幼儿通过室内和室外区域搭建活动的反复尝试，找到了多种解决问题的办法：选

三、探索性游戏

择长短适宜的横梯,用脚去丈量竖梯之间的距离,用脚丈量横梯长度。除此之外,还可以借助木棍、毛线、尺子等材料测量距离;或者尝试一段一段摆放竖梯和横梯,避免因一处不合适,其他各处都要调整的麻烦等多种解决问题的方式。

(刘海珍)

利津户外游戏

50. 各种各样的桥（大班）
——在解决问题中促进幼儿发展

追根溯源

区角活动中，以"我居住的社区"为主题进行搭建，其中有一组幼儿搭建的是桥。生活中随处都可以见到桥，顺应幼儿兴趣，幼儿和爸爸妈妈一起去凤凰广场、生态园、街道边寻找桥，发现有拱桥、平桥等，通过搜集的材料发现，建造什么样的桥与水流的速度、承重力等有关，幼儿在区角里进行了承重能力的实验，发现弯桥的承重能力更强。有了这些经验的铺垫，幼儿开始探索桥的秘密。

图 50-1　幼儿园里各种各样的桥

精彩回放

幼儿园里有各种各样的桥，吊桥、铁索桥、独木桥、石板桥、水上吊桥、"黄河大桥"……（图 50-1）通过观察，孩子们了解了桥的组成（桥面、桥墩、护栏）。

三、探索性游戏

规划时,孩子们商议要搭什么样的桥。佳伦说:"搭吊桥吧,可以把几块木板拼接起来。"嘉怡说:"还是搭独木桥吧,把桥面搭好就可以了。"朵朵说:"搭铁索桥吧,把绳子的两端固定好就可以了。"紫玉提议:"我们搭建利津黄河大桥吧,用木板搭建桥面,还可以用绳子固定当护栏。"通过讨论,最终决定搭建利津黄河大桥,因为利津黄河大桥集合了以上几种桥的特点(图50-2)。

图50-2 孩子们的规划图

选择材料时,出现了争议:"大桥都很高,所以桥墩要高高的。""高的不稳,要矮的。"孩子们争论不休。我提议:不如你们分组试试。在我的提议下他们决定分组搭建,一组选择高高的桥墩、厚厚的桥面,搭建了好几次,都塌了(图50-3);另一组选择矮矮的桥墩、长短不一的木板桥面,搭建很顺利(图50-4)。这一组正在得意炫耀的时候,坑洼不平的桥面哗啦一声,全部坍塌。

图50-3 第一组选择高高的桥墩、厚厚的桥面　　图50-4 第二组选择矮矮的桥墩、长短不一的木板桥面

浩旭趴在地上认真地观察着,"我知道了,地基太小,桥面太重,所以桥坍塌了。"这个发现让他兴奋不已。紫玉说:"对,矮的、粗的桥墩才稳固。"朵朵说:"桥面要一样长,如果不一样长,两边重量不一样,也会坍塌。"于是,浩旭找来两个圆柱形的积木做地基(图50-5),由于圆柱形的积木高于建造的地基,还是不牢固。浩旭又拿来两块长条形的积木,地基终于打牢了(图50-6)。

图 50-5　浩旭用圆柱形积木固定　　　图 50-6　浩旭用两块一样的积木固定

接下来，孩子们在选择材料上没有异议了，桥面都用一样长的木板，桥墩选择粗粗的。搭建作品慢慢地有了黄河大桥的模样。接头处，佳伦直接将一块木板搭到另一块木板上，嘉怡说："这样桥面会坑洼不平，会出车祸的。"说着，找来一个木桩，将木板架在"桥墩"上（图50-7），解决了接头处的问题（图50-8）。正在孩子们高兴时，只听哗啦一声，一头的桥面坍塌了，孩子们讨论："这是为什么？""接头处晃，加上几个桥墩试试。"随着桥墩的增多，桥越来越稳固。

桥的长度越来越长，桥墩不够用，孩子们用几段短的木桩垒高，问题迎刃而解，搭建活动也很顺利地进行着。主体结构完成，孩子们尝试把护栏立起来，桥面的不平整，导致护栏不稳固，恩旭找来一个中间镂空的圆形积木进行尝试，护栏正好从中间的镂空处穿过去，给护栏加了一个底座（图50-9），问题解决了，最后用毛线把护栏连接起来。在孩子们的共同努力下，利津黄河大桥终于搭建完成（图50-10）。慢慢地，桥面上出现了很多车，还有路灯、摄像头等等，大桥上也热闹起来了。

三、探索性游戏

图 50-7　佳伦将一块木板搭到另一块木板上

图 50-8　嘉怡将木板架在"桥墩"上

图 50-9　恩旭给护栏加了一个底座

图 50-10　利津黄河大桥搭建成功

利津户外游戏

洞察秋毫

1. 教师适时介入,保证活动顺利进行。活动一开始,幼儿就出现了分歧,在桥墩的选择上出现争议,有的要选择高的,有的要选择矮的。谁也说服不了谁的时候,我建议他们根据不同的想法分组,在搭建的过程中自己寻找答案,通过亲自搭建实践,来验证自己的猜想,游戏才得以顺利开展。

2. 鼓励幼儿在动手操作中发现问题、解决问题。游戏中,幼儿通过亲身实践,发现并解决了各种各样的问题:桥发生坍塌是因为地基不稳固,主要影响因素是地基太小、桥身太重。幼儿动手尝试更换地基的材料,开始想用圆柱形积木做地基,由于圆柱形的积木高于建造的地基,又把圆柱形地基更换成两块长条形积木的地基。桥墩不够,孩子们找来几段短的木桩,通过把几段短木桩垒高的方法解决;护栏立不起来,幼儿用给护栏增加一个圆形底座的方法解决等等。幼儿自己获得答案的经历远比老师直接告诉他们答案来得有效。在幼儿亲自实践的过程中,自己总结出了答案,一一克服困难,发展了幼儿解决问题的能力。

3. 教师与幼儿一起用各种材料搭建各种各样的桥。桥有很多种,除了幼儿园里各种各样的桥,常见的还有立交桥、高架桥、石拱桥等。我们把室内区域和户外区域打通,在美工区提供纸杯、卡纸、硬纸板等材料,在操作区提供魔尺、磁力片、多米诺骨牌等材料,在建构区提供纸箱、纸杯、易拉罐、木板等材料,与幼儿一起探索各种桥的搭建方法;在户外与幼儿一起探索用竖梯、合梯、拱形门等材料组合的方式搭建各种各样的桥。

(刘静静)

图书在版编目(CIP)数据

利津户外游戏/赵兰会,刘令燕主编. —上海：复旦大学出版社,2020.7（2025.1 重印）
ISBN 978-7-309-14370-6

Ⅰ.①利… Ⅱ.①赵… ②刘… Ⅲ.①游戏课-学前教育-教学参考资料 Ⅳ.①G613.7

中国版本图书馆 CIP 数据核字（2020）第 035376 号

利津户外游戏
赵兰会　刘令燕　主编
责任编辑/谢少卿
版式设计/卢晓红

复旦大学出版社有限公司出版发行
上海市国权路 579 号　邮编：200433
网址：fupnet@fudanpress.com　http://www.fudanpress.com
门市零售：86-21-65102580　团体订购：86-21-65104505
出版部电话：86-21-65642845
上海丽佳制版印刷有限公司

开本 787 毫米×1092 毫米　1/16　印张 14.5　字数 250 千字
2025 年 1 月第 1 版第 3 次印刷
印数 8 201—113 000

ISBN 978-7-309-14370-6/G·1982
定价：68.00 元

如有印装质量问题,请向复旦大学出版社有限公司出版部调换。
版权所有　侵权必究